U0574878

杨立新 郭明瑞 ◎主编

《中华人民共和国民法典·婚姻家庭编》释义

王丽萍 李 燕 翟甜甜 ◎编著

人民出版社

总　序

杨立新　郭明瑞

2020年5月28日,第十三届全国人民代表大会第三次会议通过了《中华人民共和国民法典》(以下简称《民法典》)。这标志着启动5次、耗时66年、凝聚数代民法人心血与智慧的民法典编纂任务顺利完成。我国由此开启了全新的民法典时代。

这是一个具有重大历史意义的时刻。民法典作为社会生活的"百科全书",规范和调整着社会经济生活与家庭生活的方方面面,并在此基础上深入而持久地型构、塑造着一个国家、民族、社会和人民鲜明的整体气质。作为新中国第一部以"法典"命名的法律,民法典是市民社会全体成员的"民事权利宣言书和保障书",其始终以人为焦点,并以人的权利和自由为终极关怀。按照民法典生活,尊严就能够得到尊重,权利就能够得到实现,不仅在一生中生活得更加幸福,而且在其生前和死后都能够得到法律的保护。民法典是我国社会主义法治建设的重大成果,其奠定了民法作为市民生活基本法的地位,有利于从私权角度抵御公权力对公民生活的不当干预。民法典通过将社会主义核心价值观融入法律条文,彰显了鲜明的中国文化特色。作为新时代的法典,民法典紧扣时代脉搏,回应时代需求,体现时代特征。

民法典用法典化方式巩固、确认和发展了民事法治建设成果,健全和完善了中国特色社会主义法律体系。民法典的制定充分体现了中国共产党全心全意为人民服务的宗旨,体现了人民至上的理念。民法典的实施将助推国家治理体系和治理能力现代化迈上新的台阶,助推人民生活走上诚信、有爱、团结、奋进的正轨。民法典颁布后的次日,中共中央政治局就"切实实施民法典"举行第二十次集体学习,要求全党切实推动民法典实施:要加强民法典重大意义的宣传教育,讲清楚实施好民法典;要广泛开展民法典普法工作,将其作为"十四五"时期普法工作的重点来抓;要把民法典纳入国民教育体系,加强对青少年民法典教育;要聚焦民法典总则编和各分编需要把握好的核心要义和重点问题,阐释好民法典一系列新规定、新概念和新精神。

为此,人民出版社组织编写了《中华人民共和国民法典》释义系列丛书。丛书由全程参与民法典编纂的著名法学家担纲主编,汇集了国内相关领域的中青年学术骨干,本着积极勤勉的态度、求真务实的精神,按照民法典体例设立总则编(含附则)、物权编、合同编、人格权编、婚姻家庭编、继承编、侵权责任编七册。每册书按照法典章节顺序展开,各章先设导言以提纲挈领,然后逐条阐释条文主旨、立法背景、含义;力图做到紧扣立法原义,通俗易懂、深入浅出,既有利于广大读者掌握法律原义,指导日常生活的方方面面,形成和谐幸福的社会秩序;又可成为私权保障和社会责任实现的重要参考。

目　录

前　言

　　婚姻是家庭的基础,家庭是社会的细胞,婚姻家庭伴随人的一生;婚姻家庭法律制度,是规范婚姻关系和家庭关系的基本准则,与每一个人息息相关;《民法典·婚姻家庭编》是公民权利的宣言书和保障书,也是婚姻家庭生活的"百科全书"。本书采取通俗易懂的语言,系统、全面、准确地解释我国《民法典·婚姻家庭编》的内容,帮助读者学习和领悟法律中的婚姻家庭理念以及生活中的婚姻家庭法律,可谓"身边的婚姻家庭法""生活中的婚姻家庭法"。本书是民众在婚姻家庭领域践行社会主义核心价值观的指南,是《民法典·婚姻家庭编》"走到群众身边、走进群众心里"的通俗读本,也是作者尽学者的社会责任、奉献给每位读者"与婚姻家庭法同行"的珍贵礼物。

　　鉴于婚姻家庭关系的普遍性和婚姻家庭法律制度的广泛适用性,党和国家历来重视婚姻家庭领域的法治建设。中华人民共和国成立后颁布的第一部具有基本法性质的法律就是 1950 年的《婚姻法》;1980 年,我国颁布了第二部《婚姻法》(2001 年进行了修改);1991 年,我国颁布了《收养法》(1998 年进行了修改)。《民法典·婚姻家庭编》以《婚姻法》《收养法》为基础,在坚持婚姻自由、一夫一妻、男女平等等基本原则的前提下,回应了时代的呼声和现代社会治理的需求。《民法典·婚姻家庭编》的颁行,对于弘扬社会主义核心价值观、贯彻男女平等的基本国策,保护妇女、儿童、老人合法权益,塑造健康、和睦的婚姻家庭关系,维护民众的基本权益,有着重要的意义。《民法典·婚姻家庭编》具有鲜明的中国特色、实践特色和时代特色,在立法价值导向上特别注重体现中国婚姻家庭文化和理念,重视婚姻家庭关系的人伦本质与人文关怀,维护婚姻家庭的伦理属性及团体价值,将维护婚姻家庭关系的平等、互爱、和睦、诚信作为婚姻家庭立法的宗旨,并在具体制度中进一步强化对未成年人、老年人、残疾人等弱者利益的家庭保护,实现法律的实质正义。总之,《民法典·婚姻家庭编》针对婚姻家庭领域的新情况、新问题,在结婚、离婚、子女抚养教育等方面完善了相关规定,形成了立法中的若干"亮点",这些"亮点"都是本书重点解释的内容。

第一,在重申婚姻自由、一夫一妻、男女平等等婚姻家庭领域的基本原则和规则的基础上,强调树立优良家风、弘扬家庭美德、重视家庭文明建设。

第二,发挥家庭的弱者保护功能,强调对于未成年人、老年人、妇女和残疾人在婚姻家庭中合法权益的保护,如在收养制度中增加最有利于被收养人的原则。

第三,明确界定了亲属、近亲属、家庭成员的范围。

第四,不再将"患有医学上认为不应当结婚的疾病"作为禁止结婚的情形,同时增加规定一方隐瞒重大疾病的,另一方可以向人民法院请求撤销婚姻。

第五,将受胁迫一方请求撤销婚姻的期间起算点由"自结婚登记之日起"修改为"自胁迫行为终止之日起"。

第六,为保护婚姻关系中无过错方的利益,增加规定婚姻无效或者被撤销的情况下,无过错方有权请求损害赔偿。

第七,增加了夫妻间的家事代理权的规定,即"夫妻一方因家庭日常生活需要而实施的民事法律行为,对夫妻双方发生效力,但是夫妻一方与相对人另有约定的除外"。

第八,针对夫妻共同债务认定难、清偿难以及"被举债"的情况,明确了夫妻共同债务的认定及范围。

第九,针对婚姻关系之外生育子女、通过人工辅助生殖技术生育子女以及其他对于父母子女关系存在异议的情况,规定了亲子关系的确认和否认之诉。

第十,回应离婚率走高的社会现实,针对轻率离婚、"闪婚闪离"等现象,增加了协议离婚时的冷静期制度。

第十一,针对离婚诉讼中出现的"久调不判"问题,在离婚理由中增加规定,经人民法院判决不准离婚后,双方又分居满一年,一方再次提起离婚诉讼的,人民法院应当准予离婚。

第十二,关于离婚后子女的抚养,明确规定"不满两周岁的子女,以由母亲直接抚养为原则",以增强法律的可操作性。

第十三,将夫妻采用法定共同财产制的情形,纳入适用离婚经济补偿的范围,以加强对家庭负担较多义务一方权益的保护,在立法中承认家务劳动的社会价值。

第十四,将夫妻一方"有其他重大过错"规定为离婚损害赔偿的适用情形。

第十五,扩大被收养人的范围,删除被收养的未成年人仅限于不满十四周岁的限制,凡符合条件的未成年人均可被收养。

第十六,与国家计划生育政策的调整相协调,将收养人须无子女的要求修改为收养人无子女或者只有一名子女。

第十七,进一步强化对被收养人利益的保护,明确规定"禁止借收养名义买卖未成年人",并在收养人的条件中增加了具有保护被收养人的能力以及"无不利于被收养人健康成长的违法犯罪记录"。

第十八,强调尊重未成年的被收养人的意愿。在《民法典·总则编》将限制民事行为能力的未成年人年龄下限从十周岁调整为八周岁的前提下,相应扩大了收养、解除收养关系应当遵从其意愿的被收养人的年龄范围,从"十周岁以上"调整为"八周岁以上"。

第十九,无配偶者收养异性子女时收养人与被收养人年龄应当相差四十周岁以上的要求,不再限于男性收养女性的情形。

第二十,增加"县级以上人民政府民政部门应当依法进行收养评估"的规定。

还有一些细节性的修改,书中也会加以详细说明。本书分工如下:王丽萍负责第一、二章,李燕负责第三、四章,翟甜甜负责第五章,由王丽萍统稿。写作过程中,由于新冠肺炎疫情影响和异国地域限制,线上讨论成为常态,书稿是我们共同心血的结晶。

"家和万事兴",家庭不只是人们身体的住处,更是人们心灵的归宿;"家为国之本",婚姻家庭不仅关乎每个个体,也关乎整个国家和中华民族,千千万万个家庭是国家发展、民族进步、社会和谐的重要基点。当今世界正在经历百年未有之大变局,不论时代发生多大变化,不论生活格局发生多大变化,婚姻家庭对于个人的重要性、重视婚姻家庭建设的努力亘古不变。《民法典·婚姻家庭编》是每个人了解自己的权利、义务、责任,妥善处理夫妻关系、父母子女关系、兄弟姐妹关系、祖孙关系的基石,愿本书成为每个人家庭美满、生活幸福、人生出彩的好助手。

王　丽　萍

2020 年 6 月 1 日于剑桥大学

第一章 一般规定

本章导言 ▶

一般规定,是关于《民法典·婚姻家庭编》的总括性规定,其功能是概括性地表述本编的立法指导思想、价值取向、调整范围、基本原则等一般性、原则性、抽象性的内容。一般规定对于理解本编的条文具有指导性作用,是公民理解法条、司法机关执行法条应当遵守的基础性规定。本章共六条,包括《民法典·婚姻家庭编》所调整的社会关系、基本原则、亲属关系的范围等内容。这些内容的确定和规范,为以后各章具体条文的设计确定了指导原则和基本框架。值得注意的是,《民法典·婚姻家庭编》在保留我国原《婚姻法》《收养法》相关规定的基础上,增加了"婚姻家庭受国家保护""保护残疾人的合法权益""家庭应当树立优良家风,弘扬家庭美德,重视家庭文明建设""收养应当遵循最有利于被收养人的原则""禁止借收养名义买卖未成年人"以及关于亲属关系的规定。

第一千零四十条 本编调整因婚姻家庭产生的民事关系。

释 义

本条是关于婚姻家庭编调整范围的规定。

一、对婚姻与家庭的理解

婚姻家庭是人类社会发展到一定阶段出现的两性和血缘关系的社会形式。婚姻,是为当时的社会制度所确认的男女两性互为配偶的结合;家庭是由一定范围内的亲属所构成的社会生活单位。婚姻是家庭的基础,家庭是社会的细胞。婚姻家庭无论对于个人还是对于社会,都有着重要的意义。

我国法律规定的"婚姻",有三个特点:第一,婚姻是男女两性的结合,即婚姻双方须为异性,这是婚姻自然层面的要求。目前,有的国家和地区通过立法允许同性结合甚至承认同性婚姻,但我国法律不承认同性婚姻。第二,男女两性的结合须为当时的社会制度所确认,这是婚姻的社会层面的要求。只有为社会制度所确认的男女两性的结合才是法律上所规范的婚姻。我国现行法律规定,只有符合法律规定的条件并履行了法律规定的登记程序,婚姻才成立,其他的两性结合,如试婚、婚外同居、姘居均不产生婚姻的法律后果。我国有条件地承认事实婚姻。第三,婚姻是双方具有夫妻身份的结合。经由法律制度所确认的两性结合才具有夫妻身份,才受到法律保护,这是婚姻的法律层面的要求。具有夫妻身份的结合,男女之间才享有法定的夫妻权利、承担法定的夫妻义务;法律关于夫妻间的权利义务关系的规定,属于强行性规范,当事人不得任意变更、免除。

理解"家庭"的概念,应当注意家庭的两个特征:第一,家庭是一个亲属团体。组成家庭的亲属包括因婚姻、血缘和法律拟制而产生的亲属。当然,不是全部亲属构成家庭,而是指在法律上有权利义务关系的亲属。根据我国法律的规定,在法律上具有权利义务关系的家庭成员包括:配偶、父母、子女、兄弟姐妹、祖父母、外祖父母、孙子女、外孙子女。第二,家庭是一个具有共同经济的生活单位。家庭作为社会的细胞,它是一个包括经济生活、道德生活以及政治、宗教、教育等各方面内容的生活单位。家庭作为一个生活单位,承担着组织家庭生产、家庭消费和进行家庭教育的基本职能,具体情况则因不同的时代而有所差异。

二、《民法典·婚姻家庭编》调整的民事关系的广泛性

《民法典·婚姻家庭编》所调整的社会关系具有广泛性,每一位公民都要受《民法典·婚姻家庭编》的调整。每个人一出生,就会形成父母子女关系,以及兄弟姐妹关系、祖孙间的关系;每个人结婚后,还会形成婚姻关系。这些关系都要受《民法典·婚姻家庭编》的调整。同时,对于一些特殊的群体,如军人、怀孕的女性等,法律也有特别的规定:如,现役军人的配偶要求离婚,应当征得军人同意,但是军人一方有重大过错的除外。再如,女方在怀孕期间、分娩后一年内或者终止妊娠后六个月内,男方不得提出离婚;但是女方提出离

婚或者人民法院认为确有必要受理男方离婚请求的除外。

　　由于婚姻家庭法律中有保护妇女合法权益的规定,有人就错误地认为,《民法典·婚姻家庭编》是妇女法,是维护妇女利益的法律。我们说,婚姻家庭法律是没有性别的。婚姻家庭法律不是为了哪一个人、哪一部分人的利益,而是为了全社会的男女两性的共同的利益。当然,立法和其他决策一样,都应将社会性别意识纳入决策主流。由于历史、社会等因素的影响,从总体上看,妇女在社会中仍然处于弱势地位,体现在婚姻家庭关系中依然存在着妇女依赖男性的女性弱势状况。如果在制定法律时,不作任何性别分析,只强调形式上的男女平等,就难免加剧事实上的男女不平等现象。抽象的、平等的法律规定,无法改变广大妇女实际上的弱势地位,而只能成为空洞的法律口号。现代法不满足于形式上的平等,而是追求实质意义上的平等。现代法正视女性与男性之间的差距,从有利于男女两性最大限度地获得社会资源的角度,保障他们享受改革开放的成果,从而共同携手创造美好生活。

三、法律、伦理和道德共同引领美好幸福的婚姻家庭关系

　　任何社会中都存在着包括法律、道德、宗教、习俗等在内的社会调整系统,每一种调整机制都有着自己的功能和作用。法治社会崇尚法律至上,强调法律应居于最高的调整地位,但法律并不是唯一的社会关系调整机制和手段。

　　婚姻家庭法律有着强烈的伦理性和道德性,婚姻家庭中的许多问题属于道德问题,要靠道德来规范、舆论来引导与约束。道德与法律有所不同,道德既有对人的行为的要求,也有对人的思想、观念、情操、信仰等方面的要求,具有较为广泛的调整性;而法律则只对人的行为提出要求,法律不可能去调整人的思想、观念、信仰、情操等思想意识领域,但是法律会通过规范人们的行为去引领观念,从而发挥法律在推动社会前进、促进精神文明建设方面的作用。法律是道德底线,是对一个社会中的最基本的道德观念、道德标准的确认和法定化。不能否认,婚姻家庭关系中的有些行为应由道德加以调整,法律对其介入并无实益;但对于某些侵犯他人利益、危害社会、违背社会公序良俗的行为,如重婚、家庭暴力等,法律必须介入。《民法典·婚姻家庭编》通过明确界定合法与违法的界限,告诉广大民众在婚姻家庭领域中的权利义务,哪些是合法的、哪些是违法的、哪些是法律倡扬的、哪些是法律禁止的,以及违法行为所要

承担的法律后果,从而维护民众在婚姻家庭中的合法权益。婚姻家庭方面的法律规范,必须得到尊重和遵守,真正做到有法可依、有法必依、执法必严、违法必究,从而维护法律的严肃性和权威性,保障幸福和谐的婚姻家庭关系。

四、婚姻家庭的社会职能

婚姻是家庭的基础,家庭是社会的细胞。以婚姻为基础的家庭不仅在调节两性关系上发挥着重要的作用,而且还担负着实现人口再生产、组织生产和生活、实施家庭教育等职能。

(一) 实现人口再生产

"根据唯物主义观点,历史中的决定性因素,归根结蒂是直接生活的生产和再生产。但是,生产本身又有两种。一方面是生活资料即食物、衣服、住房以及为此所必需的工具的生产;另一方面是人自身的生产,即种的蕃衍。"①人口的生产和再生产是社会存在和发展的必要条件,人口再生产的职能是家庭的基本职能,也是人类两性结合的必然产物。从我国目前的情况看,生育、养育行为通常发生在家庭之中,以家庭为单位的生育、养育行为,是人类得以生存和繁衍的客观需要。但这并不意味着,只有个人和家庭才对生育、养育负责。社会的发展,越来越强调国家、社会在生育、养育方面的作用,如基于提高人口素质的需要,国家在生育、家庭教育、家庭抚养方面为民众和家庭提供支持、指导、救助等。根据当前我国的人口状况和经济社会发展水平,国家采取计划生育(鼓励生育或者限制生育)及优生优育的人口政策,有计划地调节人口再生产,使人口增长同国民经济和社会发展相适应。

(二) 组织生产和生活的职能

在我国现阶段,社会主义市场经济的发展,使得我国家庭的职能不仅包括生活消费职能也包括生产职能。农村承包经营户、个体工商户、小规模私营企业等在很大程度上仍然具有重要的生产经营职能。当然,随着社会化大生产的发展,家庭组织生产的职能呈不断弱化的趋势。同时,作为组织生活消费的经济单位,家庭仍然是社会分配与个人消费之间的中介,为其成员提供衣食住用等基本生活需要。

---

① 《马克思恩格斯选集》第4卷,人民出版社1995年版,第2页。

（三）教育职能

家庭是人生的第一所学校,家长是孩子的第一任老师。在教育事业不发达的古代,家庭教育在整个社会教育中占有极为重要的地位;随着社会的进步,家庭教育、学校教育、社会教育共同构成了现代教育的"三驾马车"。真正的教育,从来就不单单是学校的事情,更是家庭、学校和社会共同的责任。家庭是人们最初的生活环境和活动场所,家庭成员之间的血缘联系、感情联系和经济联系,使家庭教育具有不同于其他形式教育的特点,其重要性是其他教育无法替代的。家庭教育发于童蒙、启于稚幼,父母要给孩子讲好"人生第一课",帮助孩子扣好人生第一粒扣子。成功的家庭教育,有赖于优良家风的濡染熏陶。孩子们从牙牙学语起就开始接受家教,有什么样的家教,就有什么样的人。广大家庭、家长都要重言传、重身教,教知识、育品德,身体力行、耳濡目染,帮助孩子迈好人生的第一个台阶。一个家庭的家风对于孩子的成长至关重要。好的家风是家庭文化与修养的累积,是家庭成员道德水平的集中体现,是整个家族在人生的沉浮中沉淀出的赖以安身立命的处世精髓,蕴含着朴素但经得起检验的人生哲理。家风的熏陶,在于言传身教,在于无所不在的家风气息,润物细无声地将他律和自律完美地结合,将孩子培养和造就成有理想、有道德、有文化、守纪律的社会主义接班人。

第一千零四十一条 婚姻家庭受国家保护。

实行婚姻自由、一夫一妻、男女平等的婚姻制度。

保护妇女、未成年人、老年人、残疾人的合法权益。

释 义

本条是关于《民法典·婚姻家庭编》的基本原则的规定。

本条的规定是《民法典·婚姻家庭编》立法、执法和解释中都必须坚持和贯彻的基本原则。

一、婚姻家庭受国家保护

我国《宪法》第 49 条规定:"婚姻、家庭、母亲和儿童受国家的保护。"宪法的这一规定需要在《民法典·婚姻家庭编》中得到具体的体现。婚姻制度、家庭制度围绕各自的制度核心,形成了不同的规范,包括:(1)针对夫妻关系,包括婚姻自由、男女平等、一夫一妻的基本原则,夫妻之间应当忠实,夫妻在家庭中地位平等、权利平等,离婚损害赔偿制度,等等;(2)针对父母和子女的关系,包括父母对未成年子女平等的抚养教育和保护的权利与义务,离婚后的父母子女关系及抚育费的负担、探望权及其行使,成年子女对父母的赡养扶助义务,等等;(3)针对其他家庭成员,包括兄弟姐妹之间、祖孙之间的权利义务,以及对未成年人、老人、残疾人、妇女进行特别的保护,等等。可以说,一方面,国家尊重公民在婚姻家庭领域私生活的合法自主权;另一方面,为保护婚姻家庭,国家适当干预公民的私生活。例如,针对目前我国离婚率不断走高的情况,法律中规定了协议离婚时的冷静期制度;针对屡禁不止的家庭暴力现象,规定了一系列的救济措施;等等。

二、婚姻自由原则

我国《宪法》第49条规定"禁止破坏婚姻自由"。按照这一原则,公民的婚姻自由权受法律的保障,婚姻自由是婚姻家庭法律的首项基本原则。这里的婚姻自由,是指公民有权按照法律的规定,完全自主自愿地决定自己的婚姻问题,不受任何人的强制和干涉。婚姻自由包括结婚自由和离婚自由两个方面。

结婚自由主要有两个内容:第一,结婚必须男女双方完全自愿并且意思表示真实,不容许任何一方对他方进行强迫、欺骗、乘人之危或任何第三者加以包办及非法干涉。第二,结婚必须符合法律规定的条件和程序。我国法律规定了结婚必须符合法律规定的结婚条件、不能具备法律规定的禁止结婚的情形,以及必须办理规定的结婚登记手续。

离婚自由亦有两方面内容:一是指夫妻双方均有决定是否离婚、何时离婚的自由。夫妻双方可以协商处理离婚的相关事宜,到民政部门办理离婚登记手续;协商不成时,任何一方均有权向人民法院提起诉讼,解除婚姻关系。二是离婚不是当事人的意定行为,无论是协议离婚,还是诉讼离婚,都必须符合法定条件,履行法定程序,承担相应的法律后果。可以说,提出离婚,是当事人的一项自由和权利,但是否准许离婚,则必须有国家的干预,不能由当事人任意决定。《民法典·婚姻家庭编》对离婚的原则、程序、离婚后子女的抚养和教育等问题,都作了明确规定,这些规定既是对离婚自由的保障,又是对行使离婚自由权利的约束。

结婚自由和离婚自由共同构成了婚姻自由原则的完整含义。结婚自由是建立婚姻关系的自由,离婚自由是解除婚姻关系的自由;结婚自由是实现婚姻自由的先决条件,离婚自由是结婚自由的必要补充。离婚自由可以使痛苦的、"死亡"的婚姻得以解除,从而为当事人缔结自由的婚姻创造必要的前提与条件。从行为的普遍性来看,结婚是民众普遍的行为,结婚自由是婚姻自由的主要方面;离婚是在迫不得已的情况下发生的,是解除名存实亡的婚姻关系的必要手段。结婚自由和离婚自由虽然各有侧重,但二者相得益彰,其目的都是保障民众享受幸福和美的婚姻家庭生活。

值得注意的是,婚姻自由不是绝对的、毫无限制的。婚姻是家庭的基础,家庭是社会的细胞。正确处理婚姻问题,不仅涉及个人利益,而且关系到婚姻双方、下一代、家庭和社会的利益。《民法典·婚姻家庭编》规定了结婚的条件和程序、离婚的程序和处理原则,这都说明婚姻自由是有一定限度的。任何人不得滥用婚姻家庭中的权利,也不得因此损害他人的合法权益和社会公共利益。

三、一夫一妻

一夫一妻即一男一女结为夫妻互为配偶的婚姻形式,一夫一妻制是一男一女结为夫妻、任何人不得同时有两个或两个以上配偶的婚姻制度。一夫一妻制是人类婚姻文明高度发展的产物,是我国社会主义婚姻家庭制度的重要内容,也是我国婚姻家庭法律的一项基本原则。

一夫一妻制要求,任何人均不得同时有两个或两个以上的配偶。已婚者(包括有夫之妇、有妇之夫),在其配偶死亡、离婚、婚姻被宣告无效或被撤销前均不得再行结婚;未婚男女不得同时与两个或两个以上的人结婚。一切公开的、隐蔽的一夫多妻、一妻多夫都是违法的,受到法律的禁止和取缔。对于当事人违反一夫一妻制的行为,要根据情节轻重,承担相应的民事、刑事责任。

一夫一妻制是当今世界各国普遍推行的婚姻原则。我国1950年《婚姻法》、1980年《婚姻法》以及《民法典》,均将一夫一妻作为法律的基本原则,这既是男女平等的基本要求,又是实现男女平等的重要保障,对于提高妇女家庭地位和社会地位,保护妇女合法权益具有重要的现实意义。另外,一夫一妻制有利于婚姻的稳定和婚姻质量的提高,有利于家庭的和睦团结,有利于未成年子女的健康成长。

四、男女平等

男女平等是我国社会主义婚姻家庭制度的本质特征。我国《宪法》第48条规定:"中华人民共和国妇女在政治的、经济的、文化的、社会的和家庭的生活等各方面享有同男子平等的权利。"《民法典·婚姻家庭编》所规定的男女平等原则,是宪法规定的男女平等原则的具体化,其核心内容是男女两性在婚姻关系和家庭生活的各个方面都享有平等的权利,承担平等的义务。这一原则突出地反映了我国婚姻家庭制度的社会主义本质,是社会主义婚姻家庭制度区别于以男权为中心的一切旧婚姻家庭制度的重要标志。我国1950年《婚姻法》、1980年《婚姻法》以及《民法典》,均将男女平等作为法律的基本原则。

男女两性在婚姻家庭中是平等的关系还是尊卑、主从关系,归根到底取决于当时的社会制度。男女两性在婚姻家庭关系中的法律地位,是其社会地位的反映。男女两性的社会地位,即政治、经济、文化、教育、法律地位,是男女平等的社会基础;而女性在家庭中的地位,又是其社会地位的缩影。我国的社会主义制度从经济、政治、文化等各方面为全面实现男女平等和妇女解放创造了前提条件。我国法律规定的男女平等原则既贯穿于婚姻家庭的立法精神之中,又反映于婚姻家庭的各个具体法律制度中。具体而言:

1. 在婚姻关系方面,《民法典·婚姻家庭编》规定的结婚和离婚条件、程序以及相应的权利、义务和责任,对男女双方同样适用;夫妻在家庭中地位平等;夫妻双方都有各自使用自己姓名的权利;夫妻双方都有参加生产、工作、学习和社会活动的自由,一方不得对他方加以限制或干涉;夫妻双方在平等、自愿、合法的条件下有权对婚前财产或婚后财产作出约定;在没有约定的情况下,婚姻存续期间夫妻任何一方或双方所得财产均属于夫妻共同财产,双方对共同财产有平等的占有、使用、收益和处分权利;夫妻有相互扶养的权利和义务;夫妻有相互继承遗产的权利;等等。

2. 在父母子女关系方面,《民法典·婚姻家庭编》中关于父母子女(包括养父母子女、继父母子女、人工生殖技术的父母子女)间权利义务的规定对不同性别的家庭成员平等适用;子女可以随父姓,可以随母姓;父母双方对未成年子女享有平等的监护权、抚养教育的权利义务,离婚时,子女可以由父方抚养,也可以由母方抚养,抚养费由双方合理地分担;父母均有要求子女赡养的权利;父母子女之间有相互继承遗产的权利;等等。

3. 在与其他家庭成员关系方面,兄弟姐妹处于平等的家庭地位,都享有要求父母抚养教育的权利,都承担赡养父母的义务,都是父母的第一顺序的法定继承人;兄姐对于未成年的弟妹、已成年的弟妹对于生活困难的兄姐承担扶养责任的条件和内容都是平等的;祖父母与孙子女、外祖父母与外孙子女的权利义务平等适用,孙子女、外孙子女享有平等的代位继承权;等等。

4. 在收养关系方面,法律关于收养人、送养人、被收养人的条件的规定,同样适用于男女两性;关于夫妻共同收养或父母共同送养的要求,关于养父母、养子女及其他养亲属的权利义务的各项条款,无不贯彻着不分性别、男女平等的精神。

五、保护妇女、未成年人、老年人和残疾人的合法权益

妇女、未成年人、老年人、残疾人都是家庭中的弱者,他们的合法权益极易受到损害,因此对于他们的合法权益应当予以特别保护。

(一) 保护妇女的合法权益

男女平等是我国宪法所确定的基本原则,这一原则适用于所有的法律部门,婚姻家庭法律也是如此。我国《民法典·婚姻家庭编》在规定男女平等的同时,又规定保护妇女的合法权益。这两者看似矛盾但实质上并不矛盾。保护妇女合法权益和坚持男女平等的目标是一致的,保护妇女合法权益是男女平等的必然要求和必要补充。虽然我国妇女依据法律规定在社会生活的各个方面享有与男性平等的权利,但历史上的男尊女卑制度和思想所造成的种种影响不可能在短时期内完全消除;同时,妇女权利的实际和充分的行使还受到社会经济文化发展水平的制约。鉴于男女两性目前尚有实际差别的客观情况,如果只是一味地强调男女平等,不注意对妇女权益的特殊保护,则不利于实现实质意义上的男女平等。所以在规定男女平等的同时,仍应强调对妇女权益的保护。

妇女的婚姻家庭权益是妇女在婚姻家庭关系中基于特定的亲属身份关系和共同生活关系所享有的权利与利益的总称,包括人身权益和财产权益等多项内容。《民法典·婚姻家庭编》保护妇女的合法权益,主要是从婚姻家庭角度,在男女平等的基础上,对妇女的某些婚姻家庭权益加以特殊的确认和保

护,表现了国家对妇女有别于男性的特殊关心和照顾。保护妇女的合法权益是男女平等原则的必要补充,也是实现男女平等原则的有效保证。

保护妇女的合法权益作为《民法典·婚姻家庭编》的基本原则,在我国有着特殊的意义。首先,这是根除我国传统的男性中心文化的必然要求。目前,我国几千年的封建社会形成的男尊女卑、歧视妇女的文化仍有残余影响,对女性的间接歧视、隐性歧视、歧视生育女孩的妇女等现象依然存在,婚姻家庭领域中侵害女性合法权益的行为屡禁不止。为根除这种封建传统的影响,必须加强对妇女权益的重点保护。其次,这是提高妇女婚姻家庭地位的现实要求。中华人民共和国成立以来,我国妇女的婚姻家庭地位发生了根本变化,男女平等正在逐渐成为现实。但是,不可否认,男性文化、男性中心主义、歧视女性的现象仍然存在,有必要增强法律保护妇女权益的力度。最后,这是适应男女两性生理差别的必然要求。男女两性存在与生俱来的差别,女性在生理、体质、心理等方面有其特殊性,男女两性的社会分工造就了男女家庭角色的不同。作为母亲,女性在怀孕、分娩、哺育子女中有着不可替代的作用,社会理应给予充分的承认和必要的保障。

《民法典·婚姻家庭编》不仅以基本原则的方式规定了保护妇女合法权益,而且在具体条文中作了特别规定。例如,缔结婚姻后,提倡男方到女方家落户,即女方可以成为男方的家庭成员,男方也可以成为女方的家庭成员;女方在怀孕期间、分娩后一年内或终止妊娠后六个月内,男方不得提出离婚;离婚时分割夫妻共同财产,应根据具体情况,对女方的利益予以适当照顾;离婚时如一方生活困难,另一方应给予适当的经济帮助;等等。

此外,我国《妇女权益保障法》中设有"婚姻家庭权益"的专章,通过若干保障性、程序性和制裁性的规定,使我国妇女的合法权益保障机制更为完善。

(二) 保护未成年人的合法权益

未成年人是国家的未来,民族的希望。未成年人的健康成长,直接关系中华民族的伟大复兴。保护未成年人的合法权益,是培养和造就社会主义事业接班人的需要,也是巩固和发展社会主义婚姻家庭制度的重要内容。我国《宪法》明确规定:"国家培养青年、少年、儿童在品德、智力、体质等方面全面发展","婚姻、家庭、母亲和儿童受国家的保护"。此外,我国还有专门的《未成年人保护法》。从婚姻家庭方面保护未成年人的合法权益,是《民法典·婚姻家庭编》的重要内容。

保护未成年人的合法权益,是指保护不满 18 周岁的未成年人的一切合法权利和利益。自然人出生后,通常由父母抚养、在家庭中长大,婚姻家庭对未成年人的健康成长至关重要,有着不可替代的特殊价值与职能,这决定了未成年人权益保护是《民法典·婚姻家庭编》的重要内容。《民法典·婚姻家庭编》一方面确立保护未成年人合法权益的基本原则,另一方面在家庭关系中规定了一系列旨在保护未成年人权益的内容,包括父母对未成年子女有抚养教育的义务、管教保护的权利和义务,禁止溺婴和其他残害婴儿的行为,子女有继承父母遗产的权利,父母对子女的义务不因父母离婚而消除,有负担能力的祖父母、外祖父母对于父母已经死亡或父母无力抚养的未成年的孙子女、外孙子女有抚养的义务,有负担能力的兄姐对于父母已经死亡或者父母无力抚养的未成年的弟妹有扶养的义务,非婚生子女、养子女和继子女的合法权益平等地受到保护……在处理离婚纠纷、解决财产分割和子女抚养问题时,在认定和处理事实婚姻与同居关系问题时,都强调保护未成年人的利益。此外,"收养应当有利于被收养的未成年人的抚养、成长"是国家确认和保护收养关系的主要目的,也是收养制度的基本宗旨。所有这些都是保护未成年人合法权益原则的具体体现。

（三）保护老年人的合法权益

尊敬、赡养和爱护老年人是中华民族的传统美德。老年人为国家、民族、社会和家庭贡献了毕生的精力,创造出了巨大的物质和精神财富,当他们年老体衰、丧失劳动能力时,有权获得国家和社会的物质帮助以及来自家庭的赡养扶助。保护老年人的合法权益不仅是社会主义道德的要求,也是我国法律的一项基本原则。我国《宪法》明确规定:"中华人民共和国公民在年老、疾病或者丧失劳动能力的情况下,有从国家和社会获得物质帮助的权利。国家发展为公民享受这些权利所需要的社会保险、社会救济和医疗卫生事业。"《宪法》第 49 条还规定:"成年子女有赡养扶助父母的义务","禁止虐待老人"。家庭对于老年人的赡养、扶助和情感慰藉,是老年人幸福度过晚年生活所不可或缺的。

保护老年人的合法权益,是《民法典·婚姻家庭编》的基本原则之一,贯穿于立法、执法、法律解释的全过程。《民法典·婚姻家庭编》一方面宣示保护老年人的合法权益,另一方面在家庭关系中对如何保护老年人的合法权益作出了具体规定。例如,规定子女对父母有赡养扶助的义务,成年子女不履行赡养义务的,缺乏劳动能力或者生活困难的父母,有要求成年子女给付赡养费的权利;祖父母、外祖父母在一定条件下有要求孙子女、外孙子女给付赡养费的权利,即有负担能力的孙子女、外孙子女,对于子女已经死亡或者子女无力赡养的祖父母、外祖父母,有赡养的义务,等等。另外,《老年人权益保障法》中也有保护老年人合法权益的规定,从而使老年人老有所依、老有所养、老有所乐。任何歧视、虐待、遗弃老年人的行为都是法律所严格禁止的。

(四) 保护残疾人的合法权益

我国1991年颁布实施了《残疾人保障法》并第一次制定实施中国残疾人事业五年计划纲要。进入21世纪,国家加快推进全面建成小康社会,残疾人事业全面提升。2008年,我国对《残疾人保障法》进行了修正,形成了以《中华人民共和国宪法》为核心、以《残疾人保障法》为主干、以《残疾预防和残疾人康复条例》《残疾人教育条例》《残疾人就业条例》等为重要支撑的残疾人权益保障法律法规体系;残疾人事业也由改革开放初期以救济为主的社会福利工作,逐步发展成为包括康复、教育、就业、扶贫、社会保障、维权、文化、体育、无障碍环境建设、残疾预防等领域的综合性社会事业。《残疾人保障法》第3条明确规定:"残疾人在政治、经济、文化、社会和家庭生活等方面享有同其他公民平等的权利。"残疾人是家庭中的弱者,其合法权益在婚姻家庭领域中容易受到侵害,成为包办买卖婚姻等干涉婚姻自由行为、虐待遗弃、家庭暴力等违法行为的受害者。

《残疾人保障法》第9条规定:"残疾人的扶养人必须对残疾人履行扶养义务。残疾人的监护人必须履行监护职责,尊重被监护人的意愿,维护被监护人的合法权益。残疾人的亲属、监护人应当鼓励和帮助残疾人增强自立能力。禁止对残疾人实施家庭暴力,禁止虐待、遗弃残疾人。"保护残疾人的合法权益,是《民法典·婚姻家庭编》的基本原则之一,残疾人的人格尊严、生命健康、婚姻自主、受扶养的权利,以及在家庭中的财产权、离婚后的子女抚养教育权和探望权、继承权等都同等地受法律保护。违反法律规定,侵害残疾人的合法权益的,根据情况,行为人承担相应的行政责任、民事责任;构成犯罪的,依法追究刑事责任。

残疾人是一个特殊困难的群体,需要包括家庭和家庭成员在内的全社会给予充分的尊重、关心和帮助。目前,残疾人的婚姻家庭生活状况与残疾人对美好生活的期待相比依然存在较大差距,充分保障残疾人婚姻家庭的平等权益、全面促进残疾人融合发展依然任重道远,这也是《民法典·婚姻家庭编》中特别强调保护残疾人权益的意义所在。

第一千零四十二条 禁止包办、买卖婚姻和其他干涉婚姻自由的行为。禁止借婚姻索取财物。

禁止重婚。禁止有配偶者与他人同居。

禁止家庭暴力。禁止家庭成员间的虐待和遗弃。

释 义

本条是关于法律所禁止的违反婚姻自由原则的行为的规定,是从另一个方面对婚姻自由基本原则的必要补充。

一、禁止包办、买卖婚姻和其他干涉婚姻自由的行为,禁止借婚姻索取财物

(一) 禁止包办、买卖婚姻和其他干涉婚姻自由的行为

包办婚姻是指婚姻关系以外的第三人(包括父母)违反婚姻自由原则,在完全违背婚姻当事人意愿的情况下,强迫其缔结婚姻的行为。例如,父母不顾女儿的反对,坚持让女儿定亲,并强迫其出嫁;再如,现实生活中个别地区的换亲等。

买卖婚姻是指婚姻关系以外的人(包括父母)以索取大量财物为目的,包办、强迫他人缔结婚姻的行为。例如,父母为索取大量的彩礼或养育费,不顾女儿反对强迫女儿结婚的行为;再如,个别地区的买媳妇等。

其他干涉婚姻自由的行为是指除包办、买卖婚姻以外的违反婚姻自由原则,阻挠、干涉他人婚姻自由的行为。如成年子女干涉老年父母再婚、干涉寡妇再婚、干涉非近亲的同姓结婚、阻碍或胁迫他人离婚等。

在现实生活中,包办婚姻与买卖婚姻既有联系,又有区别。包办婚姻不一定是买卖婚姻,而买卖婚姻必然是包办婚姻;包办婚姻不是出于财产上的目的和动机,如果包办者从中索取大量财物,则应认定为买卖婚姻。

从我国目前的婚姻状况看,包办、买卖婚姻尽管不是主流,但其社会危害后果却相当严重,有的甚至引发恶性刑事案件。因此,必须保持警惕并进一步加强婚姻自由原则的宣传和贯彻执行力度,为维护健康、和谐、合法的婚姻关系奠定基础。

（二）禁止借婚姻索取财物

借婚姻索取财物,主要是指婚姻当事人向对方索要一定的财物,以此作为结婚的条件。其特点主要表现为:

1.索取财物的主体一般是婚姻当事人一方,有时也发生第三人（如女方父母）索取财物的情况。这是借婚姻索取财物与买卖婚姻的区别之一。

2.在婚姻决定权上,男女双方基本上是自愿的,结婚的意思表示也基本上反映了他们的个人意志。这是借婚姻索取财物与买卖婚姻的区别之二。

3.婚姻的缔结多数不是以感情为基础,对索要财物的一方来说,往往是建立在贪图物质和金钱的基础上。

4.这种婚姻关系在性质上违反社会主义婚姻的基本要求,违背婚姻自由原则,属于违法行为,所以法律予以禁止。

在现实生活中,借婚姻索取财物的行为比买卖婚姻更为常见,涉及面更广,其危害性不容忽视,必须严肃对待,对当事人批评教育并妥善处理引发的财产纠纷。对借婚姻索取财物引发的财产纠纷,首先双方协商解决,不能协商解决的,一般应责令索取财物的一方部分或全部返还给另一方。

在认定和处理借婚姻索取财物的问题时,除了注意它和买卖婚姻的区别外,还应当注意它和正常赠与的区别。一般而言,恋爱期间,男女双方会基于爱慕赠与对方特定的物品,这种赠与完全基于自愿且通常数额不大,不会因赠与造成赠与方（或其家庭）生活困难;因此双方分手时,一般能够通过协商妥善解决,不能通过协商妥善解决时,由于赠与行为已经完成,一般也不能要求返还。另外,还应注意借婚姻索取财物与借婚姻之名骗取财物的不同。在后一种情况下,骗取财物者没有与对方成立婚姻的主观意愿,纯粹是为了非法获得财物,应当根据具体情节按诈骗行为处理,行为人根据行为的社会危害程度不同,分别承担民事责任、行政责任和刑事责任。

在具体处理违反婚姻自由原则所引起的纠纷时,应注意划分以下界限:

第一,划清一般干涉婚姻自由的行为和暴力干涉婚姻自由行为的界限。二者都是干涉他人婚姻自由的行为,不同之处在于前者是违法行为,后者是犯罪行为。我国《刑法》第257条规定了暴力干涉婚姻自由罪,有两款规定:"以暴力干涉他人婚姻自由的,处二年以下有期徒刑或者拘役。犯前款罪,致使被害人死亡的,处二年以上七年以下有期徒刑。第一款罪,告诉的才处理。"现实生活中,以父母干涉子女婚姻自由的最多,成年子女干涉老年父母再婚的次之,也有其他亲属干涉他人婚姻自由的情形。使用暴力是构成暴力干涉婚姻自由罪的显著特征,没有暴力干涉就不构成暴力干涉婚姻自由罪。这里的暴力,是指对意图结婚或离婚的人实行拳打脚踢、捆绑、禁闭、强抢等人身强制的方法干涉他人婚姻自由的行为。如果仅有干涉行为而没有实施暴力的,则不构成刑事犯罪,只属于一般干涉婚姻自由的违法行为,视具体情况承担民事责任或行政责任。

第二,划清包办婚姻与父母主持或者经人介绍、本人同意的婚姻的界限。前者违反婚姻自由的原则,当事人的结婚是被迫的,是一种违法行为;后者虽然是由父母主持或者经人介绍的,但婚姻当事人在双方相互了解的基础上作出了同意缔结婚姻关系的意思表示,符合婚姻自由的原则,是一种合法行为,受法律保护。

第三,划清买卖婚姻与借婚姻索取财物行为的界限。前者是违反婚姻当事人的意愿,以索取大量财物为目的、强迫他人结婚的行为,是严重的违法行为;后者是在当事人自愿缔结婚姻的基础上索取财物,并以此作为结婚的前提条件,是一般性的违法行为。两者虽然都是违法行为,但在违法程度、后果和社会危害性上有所不同,法律后果也就有所不同。在财物的处理上,属于买卖婚姻所得的财物的,离婚时原则上应当收缴;属于借婚姻索取财物的,离婚时如果结婚时间不长,或者因索要财物造成对方生活困难的,可酌情返还。

第四,划清借婚姻索取财物与男女自愿赠与的界限。前者是一方向他方主动索取财物,并作为结婚的前提条件,他方是在被迫的情况下给予财物的,是一种违法行为;后者是男女双方基于爱慕在自愿的基础上赠与对方财物以表心意或者作为纪念,不以结婚为条件,是一种合法行为,比如恋爱期间男方自愿赠与女方包、化妆品,女方自愿赠与男方领带、手表等。在实务中,男女双方分手时如果对于是索取财物还是赠与财物有争议的,主张索取或者赠与的一方应当提供证据加以证明,也可以按照一般社会观念加以确定;难以认定的,一般按赠与处理。

第五,划清说媒骗财与正当的婚姻介绍的界限。前者打着说媒的幌子,其主要目的在于骗取财物,是一种违法行为;如果数额较大,应按诈骗罪追究其刑事责任。现实生活中,存在的以婚姻为诱饵诈骗钱财的骗婚行为,如"放鸽子",可能构成刑法上的诈骗罪。后者是人们出于善意而为男女双方相识和了解提供帮助,如婚姻介绍所等正当的社会机构为未婚男女以结婚为目的的相识提供帮助等,是一种合法行为,受法律保护。

另外,针对现实生活中存在的因彩礼给付及返还引起的纠纷,应当妥善处理。彩礼是我国古代婚嫁习俗之一,又称订亲财礼、聘礼、聘财等,是男方在婚姻约定初步达成时向女方赠送聘金、聘礼的习俗。彩礼习俗在某些地区仍然存在。20世纪70年代,彩礼一般是"三转一响一'咔嚓'","三转一响"是自行车、手表、缝纫机和收音机,"一'咔嚓'"则为照相机,有些地区也会把"一'咔嚓'"换为"32条腿",分别为:一个橱柜、一个柜子、一张桌子、四把椅子、一张床,这是当时比较流行的结婚高配;20世纪80年代,开始流行电器产品,彩礼常常表现为"三大件":电视机、冰箱、洗衣机;20世纪90年代,彩礼多表现为家电家具、"三金一银一冒烟","三金一银"指的是金项链、金戒指、金手链和银镯子,"一冒烟"指的是摩托车。进入21世纪后,一些当事人对于房、车、金钱的要求飙升,个别地区的彩礼从最初的几千元、几万元攀升至十几万元、几十万元,甚至有个别人把嫁女儿作为改变贫困生活的手段。"天价彩礼"不仅让人不堪重负,更让部分家庭变得一贫如洗,由此引发的刑事案件亦不鲜见。针对婚俗陋习,民政部和国家相关部门多次强调,坚决反对利用婚姻敛财,抵制天价彩礼、铺张浪费、低俗婚闹、随礼攀比等不正之风,推进社会风气好转;并积极倡导和组织举办集体婚礼、纪念婚礼、慈善婚礼等格调高雅、内涵丰富、特色突出、文明节俭的婚礼形式。但是,现实生活中,因为彩礼给付以及当事人请求返还按照习俗给付的彩礼而引发的纠纷时有发生。如何妥善处理,处理时应当把握哪些原则,就成为必须明确的重点问题。依据我国的司法实践,一般而言,如果查明属于以下情形的,人民法院会支持当事人的彩礼返还请求:

第一,双方未办理结婚登记手续的。即男方给付女方彩礼,但是双方并没有办理结婚登记手续(无论是否办理婚宴或结婚酒席),如果男方要求女方及其家庭返还已经给付的彩礼的,人民法院予以支持。

第二,双方办理结婚登记手续但确未共同生活的。有的地方的传统风俗为,男女双方办理结婚登记后,还需要办理婚宴或结婚酒席、让亲朋好友知晓喜事后,男女双方才一起生活。如果男方给付女方彩礼,双方也办理结婚登记手续,但是双方并没有在一起共同生活,这时如果离婚、男方要求女方及其家庭返还已经给付的彩礼的,人民法院予以支持。

第三,婚前给付并导致给付人生活困难的。即男方给付女方彩礼、办理了结婚登记手续,但由于给付彩礼造成男方或其家庭生活困难,无论双方是否已经共同生活,这时如果离婚、男方要求女方及其家庭返还已经给付的彩礼的,人民法院予以支持。

二、禁止重婚和其他违反一夫一妻制的行为

(一) 禁止重婚

重婚是指有配偶的人又与他人结婚的违法行为,即一个人在同一段时间内存在两个婚姻关系。重婚有两种,一种是法律上的重婚,即有配偶的人又与他人登记结婚;另一种是事实上的重婚,即有配偶的人与他人虽未办理结婚登记,但以夫妻名义同居生活,周围群众也认为是婚姻的。无论是法律上的重婚,还是事实上的重婚,都是违反一夫一妻制的严重违法行为,必须给予严肃处理和坚决取缔。

为确保一夫一妻这一法律原则的权威性,维护社会主义婚姻家庭制度,对重婚纠纷的处理,总的原则是维护合法的婚姻关系。通常而言,前一婚姻关系是合法,即使前婚当事人提出离婚,亦应在确认后婚无效的前提下处理前婚的离婚纠纷。

(二) 禁止其他违反一夫一妻制的行为

近年来,在我国一些地区出现了"包二奶"、有配偶者与他人同居等违反一夫一妻制的行为,这是为法律所禁止的。值得注意的是,"包二奶"并非一个法律概念,是民间的俗称,通常表现为有配偶的男性以金钱、物质给付女方,双方保持较为稳定的同居关系或较为固定的两性关系,女方一般只与对方保持这种关系。"包二奶"行为是否构成重婚并受到刑法的惩处,要视具体情况而定。对于公然以夫妻名义共同生活、社会危害性大的"包二奶"行为,应当追究当事人重婚的刑事责任,以维护法律严肃性和合法配偶一方的权益。有配偶者与他人同居,是一个法律概念,指有配偶的男女(包括一方有配偶以及双方均有配偶),与他人保持婚外的同居关系。有配偶者与他人同居,包括男性"包二奶",也包括其他的形式,如女性包养男性,并非出于金钱物质目的的婚外同居、姘居、通奸等。这里所说的姘居,是指有配偶的男女(包括一方有配偶以及双方均有配偶),缺乏长久共同生活目的、或长或短的、公开性的、对外

不以夫妻名义的同居;通奸是指有配偶的男女(包括一方有配偶以及双方均有配偶),秘密、自愿发生两性关系的行为。

特别值得注意的是,除我国民事法律规定禁止重婚、禁止有配偶者与他人同居外,我国刑法中也有相关的法律条文。如,《刑法》第 258 条规定了重婚罪的定罪量刑,即"有配偶而重婚的,或者明知他人有配偶而与之结婚的,处二年以下有期徒刑或者拘役"。《刑法》第 259 条规定破坏军婚罪的定罪量刑,即"明知是现役军人的配偶而与之同居或者结婚的,处三年以下有期徒刑或者拘役。利用职权、从属关系,以胁迫手段奸淫现役军人的妻子的,依照本法第二百三十六条(注:强奸罪)的规定定罪处罚。"

三、禁止家庭暴力,禁止家庭成员间的虐待和遗弃

(一) 禁止家庭暴力

近年来,因家庭暴力导致离婚和人身伤害的案件增多,家庭暴力及其所引发的社会问题,受到越来越多的关注。家庭暴力的直接受害者主要是家庭中的弱者,包括未成年人、残疾人、老年人、女性。本编明确规定禁止家庭暴力或以其他行为虐待家庭成员,禁止遗弃家庭成员,这对于巩固和发展民主、平等、和睦和尊老爱幼的婚姻家庭关系,维护男女平等和保护妇女、儿童与老人合法权益,具有重要的意义。

家庭暴力简称家暴,是指发生在家庭成员之间的,以殴打、捆绑、禁闭、残害或者其他手段对家庭成员从身体、心理、性等方面进行伤害和摧残的行为。一般而言,家庭暴力直接作用于受害者身体,使受害者身体上或心理上感到痛苦,损害其身体健康和人格尊严。家庭暴力发生于因血缘、婚姻、收养关系生活在一起的家庭成员间。妇女和儿童是家庭暴力的主要受害者,有些中老年人、男性和残疾人也会成为家庭暴力的受害者。可以说,家庭暴力可能是男性对女性实施,也可能是女性对男性实施;可能是父母对未成年子女实施,也可能是成年子女对老年父母实施;可能发生在有婚姻关系的男女之间,也可能发生在有同居关系的男女之间;可能发生在兄弟姐妹之间,也可能发生在祖孙之间;等等。我国有专门的立法,防治家庭暴力。《中华人民共和国反家庭暴力法》已于 2016 年 3 月 1 日起施行。

家庭暴力包括身体暴力、性暴力、精神暴力和经济控制四种类型。第一,身体暴力是加害人通过殴打或捆绑受害人、限制受害人人身自由等方式使受

害人产生恐惧的行为;第二,性暴力是加害人强迫受害人以其感到屈辱、恐惧、抵触的方式接受性行为,或残害受害人性器官等性侵犯行为;第三,精神暴力是加害人以侮辱、谩骂、恐吓、精神控制等手段对受害人进行精神折磨,使受害人产生屈辱、恐惧、无价值感等作为或不作为行为;第四,经济控制是加害人通过对夫妻共同财产和家庭收支状况的严格控制,摧毁受害人自尊心、自信心和自我价值感,以达到控制受害人的目的。现实生活中,由于家庭暴力导致离婚、人身伤害的案件日益增多,甚至发生了诸如毁容、残肢、烧妻、杀夫等恶性案件。家庭暴力不仅损害了正常的男女平等关系和公民在婚姻家庭中的合法权益,而且对未成年子女的身心健康极为不利,成长在暴力环境中的子女性格容易孤僻冷漠,易对社会产生逆反心理。

家庭暴力具有以下特点:(1)平常性。据全国妇联和国家统计局2018年发布的数据显示,22.9%的女性和19.9%的男性曾遭受家庭暴力,家庭暴力发生在日常生活中。(2)反复发生。家庭暴力一般循环不断发生。第一阶段为紧张状态阶段。双方出现言语攻击、敌对状态的同时,伴随着对受害者自信心的彻底打击。施暴者往往通过控制受害者接近家人、朋友、钱物、自由活动等方式,孤立、隔离受害者。第二阶段为暴力阶段。紧张、压抑状态爆发为对受害者攻击、袭击等暴力行为。第三阶段为亲密阶段。反复攻击的施暴者常常表现出深深的良心谴责、悔恨,并誓言不再有类似行为发生,从而令受害者满怀希望,相信施暴者会改变。但是,绝大多数情况是,暴力行为循环发生并且愈演愈烈。(3)形式多样。家庭暴力表现形式多样,有:肉体损伤(占21%—34%)、性攻击(占34%—59%)、精神情感上的折磨等。对受害者来说,多种暴力形式经常合并出现、反复发生。(4)隐蔽性。家庭暴力发生在家庭等亲密关系中,常常不为人所知,暴力发生时受害者也往往处于无防备状态。(5)代际传递。在家庭暴力环境中成长的孩子,往往会产生暴力解决问题的想法,其成年后容易成为施暴者。

关于家庭暴力,往往存在着几大误区:

误区一:没有家庭暴力现象,即使存在,也是极少数。

误区二:家庭暴力是私事。在一个针对4128个调查对象的社会调查中,57.51%的调查对象认为家庭暴力是家务事。

误区三:家庭暴力就是伤害身体,而不是伤害心理和性。

误区四:受教育程度高、文化素质高的家庭没有家庭暴力。事实上,在上述针对 4128 个调查对象的社会调查中,施暴者中 62.7%具有大专以上文化程度。

误区五:家庭暴力就是丈夫对妻子施暴。事实上,妻子对丈夫施暴、父母对子女施暴、对自己的亲兄弟姐妹施暴、对残疾人施暴也是家庭暴力。

家庭暴力的受害者应当注意保存证据。能够用来证明家庭暴力的证据材料有:(1)遭受家庭暴力时,受害人及时拨打 110 报警,请求警察制作笔录;(2)收集视听资料、照片等相关证据;(3)应当及时到医院就诊,保管好医院的诊断书、病历、收据等相关资料;(4)有明显伤害痕迹时,通过司法鉴定部门进行伤情鉴定;(5)向妇联、居委会、村委会等部门寻求帮助的证据;(6)居委会、村委会等部门进行调解的证据;(7)如果有目击证人时,可以提取证人证言,诉讼时证人也可以出庭作证。

家庭暴力是一种侵犯人权、危害社会的违法行为,实施家庭暴力的行为人依法应承担相应的法律责任,包括民事责任、行政责任和刑事责任。就民事法律后果而言,家庭暴力是法定离婚理由之一,受害者可以离婚,并要求家庭暴力实施者承担损害赔偿的民事责任。就行政法律后果而言,根据《治安管理处罚法》第 43 条的规定:"殴打他人的,或者故意伤害他人身体的,处五日以上十日以下拘留,并处二百元以上五百元以下罚款;情节较轻的,处五日以下拘留或者五百元以下罚款。有下列情形之一的,处十日以上十五日以下拘留,并处五百元以上一千元以下罚款:(一)结伙殴打、伤害他人的;(二)殴打、伤害残疾人、孕妇、不满十四周岁的人或者六十周岁以上的人的;(三)多次殴打、伤害他人或者一次殴打、伤害多人的。"此外,我国《反家庭暴力法》第 34 条规定:"被申请人违反人身安全保护令,构成犯罪的,依法追究刑事责任;尚不构成犯罪的,人民法院应当给予训诫,可以根据情节轻重处以一千元以下罚款、十五日以下拘留。"严重的家庭暴力会构成刑法中暴力干涉婚姻自由罪、虐待罪、伤害罪、杀人罪、侮辱罪等罪名,受害人可以依照我国《刑事诉讼法》的有关规定向人民法院自诉,或者由公安机关依法侦查、人民检察院依法提起公诉。

(二) 禁止家庭成员间的虐待和遗弃

虐待,是指以作为或不作为的形式,对家庭成员歧视、折磨、摧残,使其在精神上、肉体上遭受损害等的违法行为,如恐吓、冻饿、限制人身自由等。关于家庭暴力和虐待间的关系,司法实践中的把握是,持续性、经常性的家庭暴力构成虐待。我国《刑法》第260条规定："虐待家庭成员,情节恶劣的,处二年以下有期徒刑、拘役或者管制。犯前款罪,致使被害人重伤、死亡的,处二年以上七年以下有期徒刑。第一款罪,告诉的才处理,但被害人没有能力告诉,或者因受到强制、威吓无法告诉的除外。"

遗弃,是指家庭成员中负有赡养、扶养、抚养义务的一方,对需要赡养、扶养和抚养的另一方,不履行其应尽义务的违法行为。如父母不抚养未成年子女,成年子女不赡养无劳动能力、生活困难的父母,配偶不履行扶养对方的义务等。遗弃是以不作为的形式出现的,即应为而不为,致使被遗弃人的权益受到侵害。需要注意的是,根据语境的不同,扶养一词在法律上有不同的含义。从文义上而言,扶养包括赡养、扶养和抚养。从狭义的角度讲,晚辈对于长辈(如子女对于父母)称为赡养,平辈之间(如夫妻之间、兄弟姐妹之间)称为扶养,长辈对于晚辈(如父母对于子女)称为抚养。因此,"亲属间的扶养义务"中的"扶养"就包括了赡养、扶养和抚养,而《民法典·婚姻家庭编》第1059条规定中的"夫妻有相互扶养的义务。需要扶养的一方,在另一方不履行扶养义务时,有要求其给付扶养费的权利"中的"扶养",仅指狭义的扶养。关于遗弃定义中的"需要赡养、扶养和抚养"的人,主要是指家庭中年老、年幼、患病或者其他没有独立生活能力的成员,这些人往往没有独立生活能力即不具备或丧失劳动能力、无生活来源而需要其他家庭成员给予供养,或虽有一定的经济收入但生活不能自理而需要其他家庭成员照顾的情况。如,因年老、伤残、疾病等原因,丧失劳动能力,没有生活来源;或虽有生活来源,但因病、老、伤残,生活不能自理的;或因年幼或智力低下等原因,没有独立生活的能力。值得注意的是,"赡养、扶养、抚养"的义务不仅仅指物质上的供养,还包括生活上的帮助、照料以及精神上的抚慰;随着社会的文明进步和人们物质生活水平的提高,对老人的精神赡养日益重要,不容忽视。法律中明确禁止家庭成员间的遗弃,一旦发生遗弃行为,受害人有权向人民法院提起诉讼,人民法院应当依法作出支付赡养费、扶养费、抚养费的判决;导致离婚的,无过错方有权请求损害赔偿。遗弃家庭成员构成犯罪的,应当追究行为人的刑事责任。我国《刑法》第261条规定:"对于年老、年幼、患病或者其他没有独立生活能力的人,负有扶养义务而拒绝扶养,情节恶劣的,处五年以下有期徒刑、拘役或者管制。"这里的情节恶劣,包括被遗弃人因生活无着而被迫到处乞讨、遗弃动机卑鄙、遗弃手段十分恶劣、由于遗弃造成病残死亡后果等情况。

禁止家庭暴力、禁止家庭成员间的虐待和遗弃,一方面需要弘扬家庭美德、加强法治宣传,破除封建夫权和家长权、男尊女卑、漠视子女利益等封建残余思想的影响以及资产阶级利己主义思想的侵蚀;另一方面要严格执法,违法必究,伸张正义,彰显法律的严肃性,从而维护平等、和谐的婚姻家庭关系。

第一千零四十三条 家庭应当树立优良家风,弘扬家庭美德,重视家庭文明建设。

夫妻应当互相忠实,互相尊重,互相关爱;家庭成员应当敬老爱幼,互相帮助,维护平等、和睦、文明的婚姻家庭关系。

释 义

本条是对家风、家庭美德、家庭文明的原则性、倡扬性的规定。

一、关于家风与家庭文明建设

家庭是社会中最古老、最基本的组织形式。"家风"又称门风,是一个家庭或家族世代相传的风尚,是一个家族代代相传沿袭下来的体现家族成员精神风貌、道德品质、审美格调和整体气质的家族文化风格。家风是每个个体成长的精神足印,对家族的传承、民族的发展都起到重要影响。家风好,就能家道兴盛、和顺美满;家风差,难免殃及子孙、贻害社会。家庭是人生的第一个课堂,父母是孩子的第一任老师。孩子们从牙牙学语起就开始接受家教,有什么样的家教,就有什么样的人。家庭教育涉及很多方面,但最重要的是品德教育,是如何做人的教育,即古人说的"爱子,教之以义方","爱之不以道,适所以害之也"。青少年是家庭的未来和希望,更是国家的未来和希望。广大家庭要培育优良的家风,重言传、重身教、教知识、育品德,身体力行、耳濡目染,帮助孩子扣好人生的第一粒扣子,迈好人生的第一个台阶。

习近平总书记强调家庭和家风建设的重要性。他指出,家庭是社会的基本细胞,是人生的第一所学校。不论时代发生多大变化,不论生活格局发生多大变化,我们都要重视家庭建设,注重家庭、注重家教、注重家风,紧密结合培育和弘扬社会主义核心价值观,发扬光大中华民族传统家庭美德,促进家庭和睦,促进亲人相亲相爱,促进下一代健康成长,促进老年人老有所养,使千千万万个家庭成为国家发展、民族进步、社会和谐的重要基点。

"家风",是一种由父母或祖辈提倡并能身体力行和言传身教、用以约束和规范家庭成员的风尚和作风,是一个家庭长期培育形成的一种文化和道德氛围,有强大的感染力量,是家庭伦理和家庭美德的集中体现。好的家风,立品格、定性情、树志向,为一个人日后的发展定下基调。家风作为一种精神力量,它既能在思想道德上约束家庭成员,又能促使家庭成员在文明、和谐、健康、向上的氛围中成长和发展。家风不仅仅对个人和家庭重要,对于中华民族的伟大复兴也具有重要的意义。家国两相依,家是最小的国、国是千千万万的家;家庭的前途命运同国家和民族的前途命运紧密相连,千家万户都好,国家才能好,民族才能好。习近平总书记指出:"国家富强,民族复兴,人民幸福,不是抽象的,最终要体现在千千万万个家庭都幸福美满上,体现在亿万人民生活不断改善上。""同时,我们还要认识到,国家好,民族好,家庭才能好。"家庭和睦则社会安定,家庭幸福则社会祥和,家庭文明则社会文明。因此,《民法典·婚姻家庭编》中明确规定,家庭应当树立优良家风,弘扬家庭美德,重视家庭文明建设,从而引领千千万万个家庭成为国家发展、民族进步、社会和谐的重要基点,成为人们梦想启航的地方。

二、夫妻间应当互相忠实、互相尊重、互相关爱

共同生活是夫妻关系的基本内容;夫妻在共同生活中互相忠实、互相尊重、互相关爱,是夫妻关系的基本准则。我国 1950 年《婚姻法》在"夫妻间的权利和义务"一章中就明确规定:"夫妻有互爱互敬、互相帮助、互相扶养、和睦团结、劳动生产、抚育子女,为家庭幸福和新社会建设而共同奋斗的义务。"2001 年修正后的《婚姻法》在总则第 4 条中规定"夫妻应当互相忠实,互相尊重;家庭成员间应当敬老爱幼,互相帮助,维护平等、和睦、文明的婚姻家庭关系。"《民法典·婚姻家庭编》也将"夫妻应当互相忠实,互相尊重,互相关爱;家庭成员应当敬老爱幼,互相帮助,维护平等、和睦、文明的婚姻家庭关系"放到"一般规定"中。这些规定,彰显了我国提倡夫妻互相忠实、互相尊重、互相关爱的立法理念,对于调整夫妻关系、维护幸福和谐的婚姻关系具有重要的指导意义。

夫妻互相忠实,是指夫妻之间应当忠于感情,诚实、坦诚相待。夫妻间互相忠实,有着广泛的含义,既包括任何一方不得为侵害婚姻关系的行为,如与

他人同居、婚外姘居等,也包括向对方坦诚相告自己的财产状况(在夫妻婚后财产关系采法定夫妻共同财产制的情况下),因为按照法律规定,夫妻双方婚后所得财产为夫妻共同财产;夫妻双方无论收入多少,贡献大小,任何一方对于夫妻共同财产均享有平等的财产所有权,包括占有、使用、收益、处分的权利。

夫妻互相尊重,是指夫妻双方在家庭中地位平等,一方应当尊重对方的独立人格和独立权利。互相尊重是男女平等原则在夫妻关系中的具体体现。尊重是平等的前提,只有互相尊重,才能谈得上平等,才能谈得上实现夫妻各项权利。夫妻互相尊重也是夫妻互相忠实的基础。

夫妻互相关爱,体现在夫妻生活的各个方面,既包括感情上的相互慰藉、体贴、关怀,也包括夫妻双方在生活上的互相关心和照顾。夫妻在婚姻共同生活中应当互相合作、帮助、照顾和保护,当一方有困难或处于危险境地时,另一方应当进行救助。

明确规定夫妻之间互相忠实、互相尊重、平等互爱,不仅是婚姻关系伦理价值的反映,也是婚姻关系本质的必然要求。以爱情为基础的婚姻和平等、真诚、相互关爱的夫妻关系是社会大众的美好追求。在法律上确认夫妻之间互相忠实、互相尊重、互相关爱,既是对于社会大众追求的呼应,也是加强婚姻家庭领域中精神文明建设、保障社会安定团结的需要。

三、家庭成员间应敬老爱幼,维护平等、和睦、文明的婚姻家庭关系

人生于家庭,死于家庭。家庭是人类最基本的生活共同体,家庭关系是基础性的社会关系。家庭成员朝夕相处,既有感情、伦理和思想上的联系,又有法律上的权利义务关系。法律的功能既在于向公众展示家庭成员之间的权利义务关系以及合法与违法的界限,也在于通过规范婚姻家庭中每个主体的行为,向公民提供一种价值导向。本条规定就体现法律所倡导的婚姻家庭观,即家庭成员之间应当敬老爱幼,家庭中每个人的行为都应以维护平等、和睦、文明的婚姻家庭关系为目的。

第一千零四十四条 收养应当遵循最有利于被收养人的原则,保障被收养人和收养人的合法权益。

禁止借收养名义买卖未成年人。

释　义

本条是关于收养的基本原则的规定。

收养是指公民依法领养他人子女为自己子女,从而在收养人与被收养人之间建立拟制亲子关系的民事法律行为。领养他人子女的人为收养人,即养父母;将未成年人送给他人收养的父母、其他监护人和儿童福利机构为送养人;被他人收养的未成年人为被收养人,即养子、养女。收养是变更亲属身份和权利义务关系的行为。收养关系成立后,公民之间的身份关系发生变化,权利义务关系也随之发生变化,即收养人与被收养人之间产生父母子女间的身份关系和权利义务关系,被收养人与其生父母之间的身份关系和权利义务同时消灭。收养关系成立对于收养人、被收养人、送养人影响重大,因此,收养必须依照法律的规定进行。"收养应当遵循最有利于被收养人的原则,保障被收养人和收养人的合法权益",集中体现了我国收养的本质特点,是立法、执法和法律解释的基本依据。

一、最有利于被收养人的原则

保障未成年人的健康成长是收养的首要目的。由于未成年人的身心发育尚不成熟,属于无行为能力人或限制行为能力人,他们缺乏独立生活的能力和辨认自己行为后果的能力,因此,需要社会和家庭给他们提供一个适宜其健康成长的环境;尤其对于那些因特殊原因而脱离了父母和家庭的弃婴和儿童,必须从维护他们合法权益的角度出发,使他们在收养成立后,再享家庭温暖和父母关爱。《民法典·婚姻家庭编》中的许多规定体现了有利于被收养人的原则,比如在被收养人的条件方面,将下列未成年人列为被收养的对象:丧失父母的孤儿、查找不到生父母的未成年人、生父母有特殊困难无力抚养的子女;再如,"收养八周岁以上未成年人的,应当征得被收养人的同意","收养人在被收养人成年以前,不得解除收养关系,但是收养人、送养人双方协议解除的除外。养子女八周岁以上的,应当征得本人同意",都体现了尊重有一定辨认能力的被收养人意愿的原则。另外,为了保障被收养的未成年人的健康成长,法律还特别规定了收养人应当具有抚养、教育和保护被收养人的能力,严禁借收养名义买卖未成年人,等等。

二、保障被收养人和收养人的合法权益

被收养人和收养人作为收养关系的双方当事人,其合法权益均应受到法律的保护,任何损害双方当事人的行为,都有悖于收养制度的基本精神。我国《民法典·婚姻家庭编》中关于被收养人和收养人合法权益的保障贯穿于有关收养问题的始终。

法律中关于被收养人利益的保护,主要表现在以下几个方面:第一,收养应当遵循最有利于被收养人的原则,这是收养关系成立的出发点,也是收养制度的目的所在。第二,法律规定了成立收养关系的条件、程序的规定,如下列未成年人,可以被收养:丧失父母的孤儿、查找不到生父母的未成年人、生父母有特殊困难无力抚养的子女,以及关于"收养八周岁以上未成年人的,应当征得被收养人的同意"的规定,均有利于被收养人的健康成长。第三,法律关于收养关系解除的规定,有利于被收养人权益保障。如收养人不履行抚养义务,有虐待、遗弃等侵害未成年养子女合法权益行为的,可以解除养父母与养子女间的收养关系。第四,关于保守收养秘密的规定。法律规定,收养人、送养人要求保守收养秘密的,其他人应当尊重其意愿,不得泄露。

关于收养人的利益保护,比如,依照法律规定,送养人只能在法律规定的情形下解除收养关系,同时赋予收养人要求送养人经济补偿的权利,除非收养人对养子女有虐待、遗弃等行为;再如,养子女成年后,如对养父母有虐待、遗弃等行为,养父母还可要求养子女经济补偿。另外,收养人要求保守收养秘密的,其他人应当尊重其意愿,不得泄露。

三、禁止借收养名义买卖未成年人

未成年人的合法权益受法律保护,包括父母在内的任何人不得侵犯。未成年人是独立的人,具有人格尊严,不能成为买卖的标的。买卖未成年人的行为,包括买和卖两方面,无论是买还是卖,都是违法行为,都要承担相应的法律责任。目前现实生活中出现了以非法获利为目的的"有偿送养"的现象。需要特别强调的是,以获利为目的的"有偿送养",与收养的宗旨相违,损害未成年人的人格尊严和利益,是违法行为。《民法典·婚姻家庭编》明确规定,禁止借收养名义买卖未成年人。

第一千零四十五条 亲属包括配偶、血亲和姻亲。

配偶、父母、子女、兄弟姐妹、祖父母、外祖父母、孙子女、外孙子女为近亲属。

配偶、父母、子女和其他共同生活的近亲属为家庭成员。

释 义

本条是关于亲属关系的规定。

一、亲 属

亲属具有以下含义:

第一,亲属只能基于血缘、婚姻或法律拟制而产生。亲属与一般的民事法律关系不同,产生亲属关系的法律事实只有三类:一是缔结婚姻的法律行为。结婚是亲属关系产生的基础,男女因结婚而形成夫妻关系,并由此产生姻亲关系。二是自然人出生的事实。人的出生是亲属关系自然形成的重要原因,父母子女关系、兄弟姐妹关系以及祖父母、外祖父母与孙子女、外孙子女关系等亲属关系,都是基于人的出生的事实而产生的。三是法律拟制。法律拟制是指本来没有亲属关系的人,通过某一法律行为或法律事实而创设,使其具有亲属间的权利与义务关系。如通过收养法律行为,将他人的子女作为自己的子女,产生父母子女间的亲属关系;通过继父母与继子女之间的抚养教育的法律事实,在继父母与继子女之间产生父母子女的法律关系。

第二,亲属具有固定的身份和称谓。身份是指人在社会关系中的地位,称谓是基于身份关系而产生的名称,即身份的标志。从身份和称谓可以看出亲属关系的亲疏远近。这种固定的身份和称谓是自然形成或法律所确定的,具有永久性或长期性,除法律另有规定以外,不得任意解除或变更。例如,生育自己的人称为父母,自己所生育的称为子女;同源于父母的称为兄弟姐妹,同源于祖父母或外祖父母的同辈亲属称为堂兄弟姐妹或表兄弟姐妹;等等。

第三,亲属之间具有权利义务关系。亲属之间不仅具有固定的身份和称谓,而且具有法律上的权利义务关系。根据法律规定,父母子女、夫妻以及兄弟姐妹等亲属之间,具有权利义务关系。如夫妻之间具有相互扶养的权利和义务,夫妻之间相互有继承权;父母有抚养教育未成年子女的义务,父母子女之间相互有继承权;祖父母、外祖父母与孙子女、外孙子女之间以及兄弟姐妹之间在一定的条件下也有互相扶养的权利和义务;等等。

二、亲属的种类

亲属关系从不同的角度有多种分类,如按亲属间的联系中介,可将亲属分为男系亲与女系亲、父系亲与母系亲、直系亲与旁系亲;按亲属的辈分,可将亲属分为长辈亲、同辈亲与晚辈亲。我国古代按封建宗法制度来确定的亲属的亲疏远近,将亲属分为宗亲、外亲和妻亲三种,其中以男性为本位的宗亲是最重要、最庞大的亲属网络。我国现在实行男女平等原则,亲属关系的分类不再采取古代的方法,而是采取国际上通行的做法,即根据亲属关系产生的原因不同,将亲属分为配偶、血亲和姻亲三种。

(一) 配偶

配偶,即夫妻,是男女双方因结婚而产生的亲属关系。在婚姻关系存续期间,夫妻互为配偶。配偶是血亲和姻亲产生的源泉和基础,多数子女在婚姻关系之内出生,同时,如果没有配偶关系也不可能有因婚姻关系而产生的姻亲关系。

(二) 血亲

血亲是指有血缘关系的亲属。法律上的血亲又有以下两种分类:自然血亲和法律拟制血亲。

自然血亲,是指因出生而形成的、源于同一祖先的有血缘联系的亲属。如父母子女、兄弟姐妹、祖孙、叔伯与侄子女、舅姨与外甥子女等。无论是婚生或非婚生,也不论是全血缘(同父同母)或半血缘(同父异母、同母异父),都属于自然血亲的范围,我国法律中有关父母子女间、兄弟姐妹间的权利义务方面的规定,也都同样适用。

法律拟制血亲,是指本来没有该种血亲应具有的血缘关系,但由法律确认其与该种自然血亲具有同等权利义务的亲属。我国法律中所确认的拟制血亲的发生有两种情形:一是收养。即通过收养而在养父母与养子女之间产生父母子女间的权利义务,同时养子女与养父母的其他近亲属间也发生相应的亲属关系。二是抚养教育。即形成了抚养教育关系的继父母与继子女之间,具有父母子女间的权利义务。

（三）姻亲

姻亲是指以婚姻关系为中介而产生的亲属,夫妻关系除外。男女结婚以后,配偶一方与另一方的亲属之间产生姻亲关系。根据姻亲间联系的环节,姻亲分为三种:血亲的配偶、配偶的血亲、配偶的血亲的配偶。

1.血亲的配偶。

指己身的血亲的配偶。如儿媳、女婿、嫂子、姐夫、婶子、舅妈、姑父、姨父、继父母(未与继子女形成抚养教育关系的)等。

2.配偶的血亲。

指己身的配偶的血亲。如公婆、岳父母、妻的兄弟姐妹、夫的兄弟姐妹、继子女(未受继父母抚养教育的)等。

3.配偶的血亲的配偶。

指己身的配偶的血亲的配偶。如丈夫的兄弟的妻子(妯娌)、妻子的姐妹的丈夫(连襟)、丈夫的舅妈、妻子的伯母等。

三、近亲属

亲属的范围很广,但通常只有近亲属之间具有法律上的权利义务关系。近亲属包括配偶、父母、子女、兄弟姐妹、祖父母、外祖父母、孙子女、外孙子女。这里所说的配偶,是指具有合法的夫妻关系的男女;这里所说的父母,包括亲生父母、养父母、具有抚养关系的继父母;这里所说的子女,包括亲生子女、养子女、具有抚养关系的继子女、人工生育子女;这里所说的兄弟姐妹包括同胞兄弟姐妹、养兄弟姐妹、形成抚养教育关系的继兄弟姐妹、人工生育的兄弟姐妹;这里所说的祖父母、外祖父母,包括有自然血亲关系的祖父母、外祖父母,基于收养关系产生的祖父母、外祖父母;这里所说的孙子女、外孙子女,包括有自然血亲关系的孙子女、外孙子女,基于收养关系产生的孙子女、外孙子女。

根据我国法律规定,近亲属之间具有相互扶养的权利义务。如配偶之间,父母对未成年子女或尚未独立生活的成年子女,成年子女对需要扶养的父母等,均有扶养的义务;在法定条件下,祖孙之间和兄弟姐妹之间也有扶养义务;一定范围内的亲属有相互继承遗产的权利,如配偶之间、父母子女之间、夫妻之间有相互继承遗产的权利;等等。再如,近亲属可以向法院申请宣告精神病人为无民事行为能力人或限制民事行为能力人;近亲属可依法定条件向法院提出宣告失踪、宣告死亡或撤销失踪宣告、撤销死亡宣告的申请,失踪人的财产由其一定范围内的亲属代管；等等。另外，在刑法上，某些犯罪以被告人与受害人之间具有一定的亲属关系为构成要件，如虐待罪、遗弃罪；某些告诉才处理的犯罪，必须由被害人或其近亲属告诉才处理（如刑法对以暴力干涉他人婚姻自由罪、虐待罪，规定了告诉才处理）；某些犯罪的主体须为已有特定亲属关系的人或明知他人已有特定亲属关系的人，如重婚罪；等等。在诉讼法上，我国《刑事诉讼法》《民事诉讼法》《行政诉讼法》中均规定，审判人员、检察人员、侦查人员、书记员、鉴定人和勘验人员如果是当事人的近亲属，应当回避，等等。

四、家庭成员

家庭成员是指同居一家共同生活、相互有权利义务的近亲属。通常他们是在同一个户口本里的人，如夫妻、父母子女、兄弟姐妹、祖孙等。一般而言，"家庭成员"在同一户籍内长期共同生活，各个成员的经济收入也通常作为家庭共同财产，但也不尽然，如，有的夫妻分居在不同的城市，甚至不同的国家；也有的夫妻采取分别财产制；等等。并非所有的亲属都是家庭成员，如叔姑与侄子（女）、舅姨与外甥（女）之间是亲属；也并非所有的近亲属都是家庭成员，如兄弟姐妹成年、结婚后，通常在各自的小家庭中生活。如果不在一个家庭中生活，不能称为家庭成员。可以说，家庭成员一般都有亲属关系，但有亲属关系不一定是家庭成员。

第二章 结 婚

本章导言 ▶

本章规定了我国的结婚制度。结婚,又称婚姻的成立,是指男女双方按照法律规定的条件和程序建立夫妻关系的法律行为。结婚具有以下三个特征:第一,结婚行为的主体是男女两性;第二,结婚行为是民事法律行为,它必须依照法律规定的条件和程序进行,否则将为无效婚姻或可撤销婚姻;第三,结婚行为的后果是确立夫妻关系,男女一旦结婚就在他们之间发生夫妻间法定的权利义务关系。结婚是公民的基本权利;同时,婚姻对于社会意义重大,婚姻是家庭的基础,家庭是社会的细胞,因此结婚必须受法律的约束。

本章共 9 条,即从第 1046 条至第 1054 条。第 1046 条至第 1048 条是关于结婚条件的规定。结婚的条件是结婚当事人必须具备的资格,符合法律规定的结婚条件的人,才具有结婚的资格。其中,第 1046 条和第 1047 条规定的是结婚的必备条件,第 1048 条规定的是结婚的禁止条件。第 1049 条是关于结婚程序的规定。结婚的程序,是指婚姻成立的法定手续,是婚姻取得社会承认的方式。第 1050 条是关于结婚后男女双方可以互为对方家庭成员的规定,立法宗旨在于倡导男女平等、鼓励男方到女方家庭落户。本章第 1051 条至第 1054 条规定了婚姻的无效和可撤销制度,这两项制度是我国 2001 年《婚姻法》修正案中增加的内容,《民法典·婚姻家庭编》延续了此规定,主要内容包括无效婚姻和可撤销婚姻的情形、程序及法律后果,旨在维护婚姻自由、一夫一妻、男女平等的婚姻制度。

值得注意的是,相比我国《婚姻法》,《民法典·婚姻家庭编》中不再规定晚婚晚育应予鼓励;不再将患有某些疾病作为禁止结婚的情形,而是规定为可撤销婚姻的情形,即"一方患有重大疾病的,应当在结婚登记前如实告知另一方;不如实告知的,另一方可以向人民法院请求撤销婚姻";并且增加规定"婚姻无效或者被撤销的,无过错方有权请求损害赔偿"。

第一千零四十六条 结婚应当男女双方完全自愿,禁止任何一方对另一方加以强迫,禁止任何组织或者个人加以干涉。

释 义

本条是关于结婚合意的规定。

按照我国的法律规定,结婚的必备要件有两个:结婚合意和达法定婚龄。本条明确规定,结婚应当男女双方完全自愿,禁止任何一方对另一方加以强迫,禁止任何组织或者个人加以干涉。

结婚合意,要求当事人双方关于确立夫妻关系的意思表示完全一致。这是我国《民法典·婚姻家庭编》中婚姻自由原则的必然要求。对"男女双方完全自愿"应作全面的理解,第一,是双方自愿而不是一方自愿;第二,是当事人本人自愿而不是父母或其他人同意;第三,是完全自愿而不是勉强同意。男女双方的结婚合意必须同时符合下列条件:

1. 当事人必须具有婚姻行为能力。婚姻行为能力是指达到法定婚龄并能以自己的行为承担婚姻的权利和义务的资格。未达到法定婚龄结婚,或已达到法定婚龄但欠缺完全民事行为能力的人,如不能辨认自己行为的后果、不能控制自己行为的精神障碍者,不具备婚姻行为能力,不能作出有效的同意结婚的意思表示。

2. 同意结婚的意思表示必须真实。结婚是创设夫妻关系的身份行为,只有当事人真正愿意缔结婚姻才具有实际意义。通常,当事人的内心意愿与其外在表意相符合,但在特殊情况下,由于某种原因,也可能发生两者不一致的情况,这种不真实的意思表示可能会影响结婚的法律后果,可能导致已经缔结的婚姻依法被撤销。所以,在确定有无真实的结婚合意时,不能仅凭当事人外在的表示,还应注意这种外在的表示与当事人的内心意思是否完全一致,注意当事人的意思表示是不是在被胁迫的情况下作出的。如果当事人外在的表示与其内心意思完全一致,则意思表示真实、婚姻有效;如果当事人外在的表示与其内心意思不一致,同意结婚的意思是在被胁迫的情况下作出的,则婚姻可能被撤销。

3.同意结婚的意思表示须向婚姻登记机关作出。在我国,申请结婚的男女双方必须亲自到婚姻登记机关向婚姻登记管理员表示同意结婚,才产生结婚合意的效力。当事人双方在其他场合或以其他方式所作的同意结婚的表示,均不能代替其向婚姻登记机关管理人员所作出的同意结婚的意思表示。

结婚的法律后果是法定的、不以当事人在内的任何人的意志为转移。男女双方一旦办理结婚登记手续,双方之间即产生夫妻的身份关系,并基于这种身份关系产生夫妻之间的权利义务,如夫妻之间应当相互忠实、夫妻间扶养的义务、婚后所得财产为夫妻共同财产(除非双方有特别的约定),等等。

第一千零四十七条   结婚年龄,男不得早于二十二周岁,女不得早于二十周岁。

释 义

本条是关于法定婚龄的规定。

法定婚龄是法律规定的结婚年龄的简称,是指法律规定的最低结婚年龄,是结婚年龄的下限。按此要求,到达法定婚龄的男女才能结婚,未达法定婚龄的男女是不能结婚的。值得注意的是,法律并没有规定结婚年龄的上限。法定婚龄是结婚的最低年龄,不是结婚的最佳年龄,更不是必须结婚的年龄。达到法定婚龄后是否结婚、何时结婚、与谁结婚,听从当事人的自愿,由当事人自主决定。

法律对法定婚龄的规定,通常基于两方面的考虑。第一,自然因素,即人的身心发育程度。婚姻是男女两性的结合,人只有达到一定的年龄,才具备适婚的生理和心理条件,才能对婚姻相关问题作出理智的判断和决定,才能在婚后担负起对配偶、对子女的法定义务,处理好夫妻关系、父母子女关系。第二,社会因素,即一定的生产方式以及与之相适应的社会条件。一定时期的人口状况、人口政策以及历史传统、风俗习惯等,也对法定婚龄的确定起着不同程度的影响。我国1980年颁行的《婚姻法》第5条规定,"结婚年龄,男不得早于二十二周岁,女不得早于二十周岁"。现在《民法典·婚姻家庭编》承继了这一规定。可以说,目前关于法定婚龄的规定有充分的科学依据,符合我国实际情况。它既考虑了国民身心发育程度、学习就业情况和独立生活的能力,又顾及了计划生育政策、控制人口数量和提高人口素质的要求。

《民法典》在规定法定婚龄的同时,删除了原《婚姻法》中关于"晚婚晚育应予鼓励"的规定,这符合我国目前的国情。所谓晚婚是指男 25 周岁、女 23 周岁以上结婚;晚育是指女性 24 周岁后生育第一胎。进入 21 世纪后,中国社会老龄化①速度加快。自 2000 年开始,我国 65 岁及以上的人口比重超过 7%,正式进入老龄化社会。国家统计局"2010 年第六次全国人口普查主要数据公报"显示,大陆 31 个省、自治区、直辖市和现役军人的人口中,60 岁及以上人口为 177648705 人,占 13.26%;与 2000 年第五次全国人口普查相比,60 岁及以上人口的比重上升 2.93 个百分点。② 以 65 岁及以上的老年人口为例,我国在 2000 年 65 岁及以上的人口比重约为 7%,之后呈快速上升趋势,至 2016 年比重升至 10.8%。根据国家统计局公布的数据,截至 2018 年年底,我国 139538 万人口中 65 岁及以上的人口为 16658 万人③,占总人口数的 11.9%。随着我国社会"老龄少子化"及"单身潮"现象的发展,基于人口状况的基本国情,近年来我国的计划生育政策发生了变化。2015 年修正的《人口与计划生育法》中规定"国家提倡一对夫妻生育两个子女",删除了原第 18 条"国家稳定现行生育政策,鼓励公民晚婚晚育"的规定。因此,我国《民法典·婚姻家庭编》中不再规定"晚婚晚育应予鼓励",是与时俱进的表现。之所以维持原来的法定婚龄,全国人大宪法和法律委员会给出的理由是:现行法定婚龄的规定已为广大社会公众所熟知和认可,如果进行修改,属于婚姻制度的重大调整,宜在进行充分的调查研究和科学的分析评估后再定。④ 删除原《婚姻法》中关于"晚婚晚育应予鼓励"的规定主要基于两大原因:第一,从法律协调性的角度,删除鼓励晚婚的规定与我国的《人口与计划生育法》的立法精神相一致;第二,从法律调整的对象的角度,是否鼓励晚婚晚育,不是《民法典》调

---

① 按照联合国的标准,一个地区 60 岁以上老人达到总人口的 10%,或者 65 岁以上老人占总人口的 7%,该地区即进入老龄化社会。参见杨立新:《我国老年监护制度的立法突破及相关问题》,《法学研究》2013 年第 2 期。

② 中华人民共和国国家统计局:《2010 年第六次全国人口普查主要数据公报(第 1 号)》,2011 年 4 月 28 日公布。

③ 国家统计局数据,见 http://data.stats.gov.cn/easyquery.htm? cn=C01。

④ 朱宁宁:《民法典婚姻家庭编草案三审:删除隔代探望权,维持现行法定婚龄》,见 https://mp.weixin.qq.com/s/jjwafVnjCldXWbh4uJJd9g。

整的内容,而是我国《人口与计划生育法》调整的内容。

第一千零四十八条 直系血亲或者三代以内的旁系血亲禁止结婚。

释 义

本条是关于禁婚亲的规定。

禁止一定范围的亲属相互结婚,是不同国家和地区的立法通例。其依据主要有两个方面:第一,依法禁止一定范围的亲属结婚,反映了自然选择规律的要求,具有优生学上的科学依据。恩格斯在论及普那路亚家庭时曾经指出:"不容置疑,凡近亲繁殖因这一进步而受到限制的部落,其发展一定要比那些依然把兄弟姊妹婚姻当作惯例和规定的部落更加迅速,更加完全。"[1]恩格斯在论及对偶婚制时又指出:"在这种越来越排除血缘亲属结婚的事情上,自然选择的效果也继续表现出来。"[2]人类生活的长期实践证明,两个人的血缘关系越接近,后代遗传病或者多基因遗传病的发生可能性越大;相反,夫妻双方血缘关系越远,生育的孩子患上这些疾病的几率就越小。近亲结婚会导致后代中隐性遗传病的得病概率大大提升。如果夫妻双方是近亲、直系血亲或者三代以内旁系血亲,那么携带同样隐性致病基因的可能性要比非近亲结婚夫妻携带的可能性大得多,近亲结婚生育的后代患上隐性遗传病的几率也明显增高,这就是为什么近亲结婚夫妻生育的子女比非近亲结婚夫妻生育的子女患上隐性遗传病的可能性要大得多的原因。可以说,结婚的男女之间血缘关系越近,越容易把父母双方的疾病和缺陷遗传给后代,影响后代的人口素质。第二,禁止近亲结婚也是社会伦理道德的要求。近亲结婚有悖于人类长期形成的婚姻伦理道德,容易造成亲属身份上的混乱,历史上中外各民族的风俗习惯中都有关于一定范围的亲属禁止通婚的限制;许多国家的法律中也明确规定禁止一定范围的亲属之间结婚。有的国家法律中还禁止法律拟制血亲和一定范围的姻亲结婚,更体现了伦理规范的强大作用。

---

[1] 《马克思恩格斯选集》第 4 卷,人民出版社 1995 年版,第 35 页。
[2] 《马克思恩格斯选集》第 4 卷,人民出版社 1995 年版,第 44 页。

我国法律一直禁止近亲结婚。1950 年《婚姻法》第 5 条规定:"为直系血亲,或为同胞的兄弟姊妹和同父异母或同母异父的兄弟姊妹者",禁止结婚;"其他五代内的旁系血亲间禁止结婚的问题,从习惯"。我国民间历来有中表婚(表兄弟姐妹之间结婚)"亲上加亲"的习俗,鉴于新中国成立初期的实际情况,法律没有绝对地禁止中表婚,而是允许这方面的问题可按习惯处理,即当地流行中表婚的,表兄弟姐妹之间可以结婚。30 年后的 1980 年《婚姻法》改变了此规定,明确规定"直系血亲和三代以内的旁系血亲"禁止结婚,即不再允许表兄弟姐妹之间结婚。《民法典·婚姻家庭编》延续了 1980 年《婚姻法》的规定,禁止直系血亲之间以及三代以内旁系血亲之间结婚。具体而言:

一、直系血亲禁止结婚

直系血亲,即从己身所出和己身所从出的亲属,包括父母与子女之间、祖孙之间等具有直接的血缘关系的亲属。他们之间存在直接的血亲关系,不能结婚。

二、三代以内的旁系血亲之间禁止结婚

我国计算亲属间亲疏远近的基本单位是代。具体而言,第一,计算直系血亲的代数时,以一辈为一代,相隔一世即为两代,如父母子女间为两代,祖孙间为三代;第二,计算旁系血亲的代数时,须以同源关系为依据,同源于父母的兄弟姐妹,是两代内的旁系血亲;同源于祖父母、外祖父母的,是三代以内旁系血亲;同源于曾祖父母、外曾祖父母的,是四代以内旁系血亲;同源于高祖父母、外高祖父母的,是五代以内旁系血亲。

《民法典·婚姻家庭编》规定"三代以内的旁系血亲"不能结婚,包括:(1)兄弟姐妹之间,包括同母同父的全血缘的兄弟姐妹,以及同父异母或同母异父的半血缘的兄弟姐妹;(2)伯、叔与侄女之间,姑姑与侄子之间,舅与外甥女,姨与外甥之间;(3)堂兄弟姐妹、表兄弟姐妹之间。需要说明的是,如果当事人之间属于三代以外的旁系血亲,无论辈分是否相同,均不在禁止结婚的法定范围之内。

第一千零四十九条　要求结婚的男女双方应当亲自到婚姻

登记机关申请结婚登记。符合本法规定的,予以登记,发给结婚证。完成结婚登记,即确立婚姻关系。未办理结婚登记的,应当补办登记。

释 义

本条是关于结婚程序的规定。

结婚程序是婚姻成立的法定程序,是结婚的形式要件。我国《民法典·婚姻家庭编》规定,"要求结婚的男女双方应当亲自到婚姻登记机关申请结婚登记。符合本法规定的,予以登记,发给结婚证。完成结婚登记,即确立婚姻关系。未办理结婚登记的,应当补办登记。"这一规定表明,结婚登记是我国法律规定的唯一有法律效力的结婚形式,只有办理了结婚登记手续,才有可能成立合法的夫妻关系;除此之外,以任何方式"结婚",如办理结婚宴席,都不是法律所认可的"结婚"。

一、结婚登记

申请结婚的男女双方必须亲自到婚姻登记机关依法办理结婚登记手续,获准登记,婚姻即告成立。结婚登记制度是我国婚姻登记制度的重要组成部分。婚姻登记包括结婚登记、离婚登记和复婚登记。我国《婚姻登记条例》(2003 年 10 月 1 日起施行)对此有规定。其中,结婚登记是数量最多的一项经常性的工作。

男女双方当事人具备结婚的实质要件,还必须办理结婚登记,才能缔结合法的婚姻关系,取得婚姻的法律效力,婚姻才受法律的保护。通过结婚登记对当事人是否符合结婚条件进行审查,不但有益于当事人,也符合社会公共利益。严格执行结婚登记制度,既有利于保障婚姻自由原则的贯彻实施,防止包办、买卖婚姻和其他干涉婚姻自由的行为;又有利于保障一夫一妻制,防止重婚。可以说,实行结婚登记制度,对维护我国的婚姻制度、避免违法婚姻的发生、预防和减少婚姻纠纷具有重要的意义。婚姻登记机关工作人员还可以在办理结婚登记过程中,对当事人开展必要的婚姻家庭道德与法治宣传教育,促进婚姻家庭关系的幸福和谐。因此,结婚登记绝不是一项简单的例行手续,而是一项极为严肃郑重的法律程序和制度。至于登记后当事人双方是否举行结婚仪式、举行何种仪式,则尊重当事人的意愿,只要不违反社会的公序良俗即可。

二、结婚登记程序

(一) 办理结婚登记的机关

根据我国《婚姻登记条例》第2条和第4条的规定,内地居民办理结婚登记的机关是县级人民政府民政部门或者乡(镇)人民政府,省、自治区、直辖市人民政府可以按照便民原则确定农村居民办理婚姻登记的具体机关。内地居民结婚,男女双方应当共同到一方当事人常住户口所在地的婚姻登记机关办理结婚登记;这里的常住户口所在地通常为户籍所在地。

(二) 结婚登记程序

结婚登记程序,依法可分为申请、审查和决定三个相互联系的阶段。

1.申请。要求结婚的男女双方,必须共同亲自到一方常住户口所在地的婚姻登记机关申请登记,既不得单方申请,也不得委托他人代理。

申请结婚登记时,当事人双方应当出具下列证件和证明:(1)本人的户口簿、身份证;(2)本人无配偶以及与对方当事人没有直系血亲和三代以内旁系血亲关系的签字声明。

2.审查。婚姻登记机关受理当事人的结婚申请后,应当对结婚登记当事人出具的证件、证明材料进行审查并询问相关情况,以确定当事人是否符合结婚法定条件,即男女双方是否完全自愿、是否达到法定婚龄、有无配偶、有无禁止结婚的亲属关系以及各种证明文件是否齐全。审查必须认真、细致,依法进行。

3.登记或不予登记。经审查,对于符合结婚条件的,应当场予以登记,发给结婚证。结婚证是婚姻登记管理机关签发给当事人的证明其婚姻关系成立的法律文件。当事人从取得结婚证时起,确立夫妻关系,当事人双方的婚姻关系受法律保护。当事人是否举行婚礼、是否开始同居生活以及同居生活时间的长短,均不影响男女双方的合法夫妻关系。特别应当注意的是,完成结婚登记,即确立婚姻关系,双方依法享有配偶的权利、承担配偶的义务。

三、补办登记

现实生活中存在着一定数量的事实婚姻关系。这里所说的事实婚姻,是指男女双方符合婚姻登记的条件,却没有办理结婚登记即以夫妻名义共同生活,周围群众也认为他们是夫妻关系的。按照我国法律规定,结婚的男女必须办理结婚登记手续,因此,事实婚姻的男女,由于没有办理结婚登记,从法理的角度讲其"婚姻关系"不应受法律保护。但是,事实婚姻关系中的男女通常以夫妻身份相对待,共同生活、生育子女,如果一味地认定为同居关系,于双方当事人和子女不利。鉴于此现实情况,法律规定,"未办理结婚登记的应当补办登记",从而为当事人提供补救的机会。如果双方补办了结婚登记手续,则补办的结婚登记具有溯及既往的效力,婚姻关系从双方均符合法律所规定的结婚的实质要件时起算。比如,王某(女,21岁)与李某(男,23岁),双方于2015年3月经由网络认识并自由恋爱,于2016年5月2日在老家举办婚礼并开始同居生活,2017年10月生育一子。后于2019年10月16日双方到民政部门补办了结婚登记手续。那么,双方的婚姻关系从2016年5月2日(当时双方均符合结婚的条件,只是没有办理结婚登记)开始有法律效力,而不是从2019年10月16日开始有法律效力。当然,如果双方不补办结婚登记的,一般只能认定为同居关系。对未按法律规定办理结婚登记而以夫妻名义共同生活的男女,起诉到人民法院要求离婚的,目前的司法实践中的做法是:1994年2月1日民政部《婚姻登记管理条例》公布实施以前,男女双方已经符合结婚实质要件的,按事实婚姻处理,人民法院处理离婚案件;1994年2月1日民政部《婚姻登记管理条例》公布实施以后,男女双方符合结婚实质要件的,人民法院应当告知其在案件受理前补办结婚登记,未补办结婚登记的,人民法院按解除同居关系处理。

第一千零五十条 登记结婚后,按照男女双方约定,女方可以成为男方家庭的成员,男方可以成为女方家庭的成员。

释 义

本条是关于男女结婚后成为家庭成员的规定。

男女双方办理结婚登记后,双方之间即具有夫妻的身份和权利义务关系,开始了共同生活。根据双方的约定,男女双方可以到任何一方的住所或者其他地方,建立小家庭;也可以一方到另一方家庭中去,成为其家庭成员,即女方可以到男方家去落户、成为男方的家庭成员,男方可以到女方家去落户、成为女方家的家庭成员。法律的这一规定体现了男女平等原则,不能歧视到女方家落户(俗称的"入赘")的男方。从我国目前的情况看,男女双方结婚后组建小家庭、以核心家庭的方式共同生活的情形较为多见,女方既不成为男方家庭的成员,男方也不成为女方家庭的成员。有资料显示,我国家庭变化呈现出规模小型化与结构简化的特点。家庭户数增长迅速,从 1990 年的 2.8 亿户增长到目前的近 4.5 亿户,明显高于人口增幅;同时家庭规模则呈现出不断小型化的趋势,从 1982 年的每户平均 4.41 人减少到 2010 年的 3.09 人,家庭户规模的缩减趋势在城市和农村趋同,大家庭正在快速消失。只有一代人的家庭户和二代户是当代中国家庭户的主体,中国家庭户结构正进一步趋于简化,家庭户内的代数趋减。[1] 也有调查数据显示,我国家庭类型以核心家庭为主导。核心家庭(以夫妻、子女为核心的家庭)占 64.3%,直系家庭占 26.2%,单人家庭占 6.5%,联合家庭占 1.4%,其他家庭占 1.6%。[2]

在旧中国的婚姻制度中,一般是男娶女嫁、女到男家,男方虽然也有"入赘"到女家的,但往往受到歧视,被要求立有"小子无能,自愿入赘,改名换姓,一切听从"的字据,死后墓碑上常有"赵本王""李本杨"等字样,本上之姓乃妻家姓。1949 年中华人民共和国成立后,实行男女平等原则,移风易俗,男到女家落户不应受到歧视。我国 1980 年颁布的《婚姻法》中规定:"登记结婚后,根据男女双方约定,女方可以成为男方家庭的成员,男方也可以成为女方家庭的成员。"其立法精神是昭示男女平等,提倡男方到女方家落户。2001 年《婚姻法》修正时,第 9 条规定"登记结婚后,根据男女双方约定,女方可以成为男方家庭的成员,男方可以成为女方家庭的成员。"即将"男方也可以成为女方家庭的成员"中的"也"字删除,进一步体现男女平等的婚姻家庭原则。《民法典·婚姻家庭编》继续保留了此规定。

第一千零五十一条　有下列情形之一的,婚姻无效:

(一)重婚;

---

[1]　澎湃新闻:《中国家庭改革开放四十年来中国家庭的变迁》,见 https://www.sohu.com/a/
275290860_260616。

[2]　孙乐琪:《2015 家庭发展报告:中国家庭平均 3.35 人》,见 http://www.cssn.cn/dybg/gqdy_
ttxw/201505/t20150513_1793503.shtml。

（二）有禁止结婚的亲属关系；

（三）未到法定婚龄。

释 义

本条是关于无效婚姻的规定。

结婚必须符合法律规定的条件；对不符合法律规定的结婚条件的婚姻，视其严重程度的不同，可能会成为无效婚姻或者可撤销的婚姻。无效婚姻，是指欠缺婚姻成立的法定条件而不发生法律效力的男女两性的结合。无效婚姻不产生婚姻的法律效果。

一、确立无效婚姻制度的必要性

依照法律规定，结婚应当符合一定的条件。如结婚必须男女双方完全自愿；结婚年龄，男不得早于二十二周岁，女不得早于二十周岁；直系血亲之间、三代以内旁系血亲之间不得结婚。但是，字面意义上的法律不等于现实生活中实现的法律。现实生活中，由于当事人弄虚作假、欺骗婚姻登记机关或者婚姻登记机关不依法履行职责等原因，致使某些不符合结婚条件的当事人也经过婚姻登记机关办理了结婚登记手续。为维护法律的严肃性和权威性，对这些不符合法律规定的婚姻，不应承认其具有法律上的婚姻效力。

2001年修正后的《婚姻法》第10条明确规定："有下列情形之一的，婚姻无效：（一）重婚的；（二）有禁止结婚的亲属关系的；（三）婚前患有医学上认为不应当结婚的疾病，婚后尚未治愈的；（四）未到法定婚龄的。"这是我国立法中第一次明确规定无效婚姻制度。《民法典·婚姻家庭编》在此基础上作了相应的修改，一方面继续规定婚姻无效制度，另一方面修改了婚姻无效的法定情形，即删除了"婚前患有医学上认为不应当结婚的疾病，婚后尚未治愈的"规定，同时将隐瞒重大疾病的情形规定为可撤销婚姻的情形。

二、无效婚姻的情形

依照法律的规定，有下列情形之一的，婚姻无效：

（一）重婚

一夫一妻制是我国婚姻家庭的基本制度。一夫一妻制要求一男一女结为夫妻,任何人都只能有一个配偶,不能同时有两个或两个以上的配偶。也就是说,一个男子只能有一个妻子,一个妇女只能有一个丈夫;一个人不能同时与两个或两个以上的人缔结婚姻。一夫一妻制是社会主义婚姻家庭制度的基本原则,是男女平等的体现,实行一夫一妻制就必须旗帜鲜明地反对重婚。

重婚,是指有配偶的人又与他人结婚的违法行为,或者明知他人有配偶而与他人结婚的违法行为。重婚是严重违反婚姻家庭法律制度的行为,行为人应当承担相应的法律责任。如依照我国《刑法》第258条规定:"有配偶而重婚的,或者明知他人有配偶而与之结婚的,处二年以下有期徒刑或者拘役。"在现实中,一些人企图钻法律的空子,婚外与他人以夫妻名义共同生活,不办理结婚登记手续。对此,1994年12月,最高人民法院对四川省高级人民法院关于《婚姻登记管理条例》施行后发生的以夫妻名义非法同居的案件是否以重婚罪定罪处罚的批复是:"有配偶的人与他人以夫妻名义同居生活的,或者明知他人有配偶而与之以夫妻名义同居生活的,仍应按重婚罪定罪处罚。"另外,《民法典》第1054条也规定,婚姻无效或者被撤销的,无过错方有权请求损害赔偿。

(二) 有禁止结婚的亲属关系

禁止近亲结婚,是人类长期生活经验的结晶,是人类婚姻家庭生活的总结,禁止近亲结婚是古今中外法律的通例。近亲结婚会给当事人和社会带来一定的危害性,因此,《民法典》将有禁止结婚的亲属关系的婚姻规定为无效婚姻。这里的"有禁止结婚的亲属关系",是指结婚的男女双方是直系血亲或者是三代以内的旁系血亲。

(三) 未到法定婚龄

依照法律的规定,结婚年龄,男不得早于二十二周岁,女不得早于二十周岁。法定婚龄是男女双方可以结婚的最低年龄,男女双方只有均达到法定婚龄才能结婚,否则就不能结婚。男女双方均未达到法定婚龄或者一方未达法定婚龄,虽然领取了结婚证,但因违反了法律关于法定结婚年龄的规定,依然为无效婚姻。需要注意的是,在确认某一婚姻是否为无效婚姻时,首先要看男女双方在民政部门登记时是否达到法定婚龄,如果双方均达法定婚龄,则为有效婚姻;如果双方均未达到法定婚龄或者一方未达法定婚龄,这时还要看当下双方是否已达法定婚龄。如果当时未达法定婚龄,但之后达到了法定婚龄,则自达法定婚龄时起就不能认定婚姻无效了,因为婚姻关系自双方均达法定婚龄时起转变为有效。如,女方办理结婚登记时为 20 周岁,达法定婚龄,但男方办理结婚登记时为 21 周岁,未达法定婚龄,那么在男方未达法定婚龄之前婚姻无效;如果随着时间的推移,男方也达法定婚龄了,自男方达法定婚龄之日起婚姻有效。换言之,对未到法定婚龄的婚姻,在当事人未到法定婚龄之前无效,自当事人双方均达法定婚龄时起有效。

第一千零五十二条　因胁迫结婚的,受胁迫的一方可以向人民法院请求撤销婚姻。

请求撤销婚姻的,应当自胁迫行为终止之日起一年内提出。

被非法限制人身自由的当事人请求撤销婚姻的,应当自恢复人身自由之日起一年内提出。

释　义

本条是关于受胁迫婚姻可撤销的规定。

一、可撤销婚姻

可撤销婚姻,是指当事人因意思表示不真实而成立的婚姻,通过有撤销权的当事人行使撤销权,使已经发生法律效力的婚姻关系失去法律效力。2001年《婚姻法》修正时增加了关于可撤销婚姻的规定,即其第 11 条规定:"因胁迫结婚的,受胁迫的一方可以向婚姻登记机关或人民法院请求撤销该婚姻。受胁迫的一方撤销婚姻的请求,应当自结婚登记之日起一年内提出。被非法限制人身自由的当事人请求撤销婚姻的,应当自恢复人身自由之日起一年内提出。"《民法典》保留了可撤销婚姻制度,但作了两处修改,一是将原来的"受胁迫的一方可以向婚姻登记机关或人民法院请求撤销该婚姻"修改为"受胁迫的一方可以向人民法院请求撤销婚姻",二是将原来的"自结婚登记之日起一年内提出",修正为"自胁迫行为终止之日起一年内提出";同时,《民法典》还增加了关于疾病婚可撤销的规定,因为隐瞒重大疾病也是影响对方真实意思表示的行为。具体释义见下文关于第 1053 条的解释。

被撤销的婚姻自始没有法律约束力,当事人不具有夫妻的权利和义务。

二、受胁迫的婚姻

受胁迫的婚姻,是指婚姻关系中的一方当事人或者婚姻关系之外的第三人,以给另一方当事人或者其近亲属的生命、身体健康、名誉、财产等方面造成损害为要挟,迫使另一方违背真实意愿与之结婚的情况。胁迫婚姻违反了结婚必须男女双方完全自愿的原则。依据民法典的规定,受胁迫而缔结的婚姻是可以被撤销的。法律之所以将受胁迫的婚姻规定为可撤销婚姻是有着现实考量的。现实生活中存在这种情况,一些被胁迫的当事人,结婚时虽然违背自己的意愿不得不与他人缔结婚姻关系,但在和他人结婚组建家庭后,经过一段时间的共同生活,与对方建立了感情,特别是在生育子女的情况下,与对方、孩子产生了难以割舍的亲情,在这种情况下,给予被胁迫的当事人选择权,由被胁迫的当事人决定是否申请撤销婚姻关系较为合理。因此,从制度设计的角度,法律不宜规定受胁迫的婚姻为无效婚姻,规定为可撤销婚姻比较妥当。

受胁迫婚姻中的胁迫,必须具备以下要件:

第一,须有胁迫的故意。即行为人在主观上存在故意,希望通过胁迫行为使受胁迫人产生恐惧心理,并基于恐惧心理不得不同意与之结婚。

第二,须有胁迫行为。即行为人实施了以对受胁迫人及其近亲属的生命、身体健康、名誉、财产等方面造成损害为要挟的不法行为,如语言恐吓、发送威胁的短信或者微信、路上拦截对方干扰其正常工作和生活等。胁迫行为的实施人可以是婚姻的一方当事人,也可以是与其有关系的第三人;受胁迫的人可以是婚姻当事人另一方,也可以是其近亲属。这里的近亲属一般包括父母、兄弟姐妹、祖父母、外祖父母。

第三,须胁迫人的违法行为与受胁迫人同意结婚的意思表示之间存在因果关系。即受胁迫人之所以作出同意结婚的意思表示,是因为胁迫行为致其产生恐惧心理,基于恐惧心理而不得不表示同意结婚。

三、可撤销婚姻的请求权人

无效婚姻通常违反社会公德、违反社会公共利益,因此,国家应当主动干预;可撤销婚姻通常违反私人利益、影响个人的意思自治和真实意愿表达,因此只有当事人和法律规定的有请求权的人才能请求撤销婚姻关系。有权提出撤销婚姻关系的申请人只能是因受胁迫而结婚的被胁迫人,因为其受胁迫而不能真实地表达自己的意愿、婚姻关系的成立违背了受胁迫方的真实意思。为了坚持婚姻自由原则,保护当事人的合法权益,法律规定,尽管胁迫的婚姻已经成立,但是受胁迫方仍可以向人民法院提出撤销其婚姻效力的申请。由于实施胁迫行为的一方在缔结婚姻关系时,并没有违背自己的真实意愿,因此胁迫方在婚姻关系成立后,无权请求撤销婚姻关系。

虽然受胁迫婚姻违反法律规定,受胁迫方有权请求撤销婚姻关系,但是并不意味着受胁迫方一定要撤销受胁迫的婚姻关系。在一些情况下,有的受胁迫方在婚后与对方建立了感情、家庭比较和睦,这时是否撤销婚姻关系,由受胁迫方自己决定。如果受胁迫方不想维持因胁迫而缔结的婚姻,可以向人民法院请求撤销该婚姻;如果最初受胁迫、但后来愿意共同生活,则可以放弃申请撤销婚姻的请求权,人民法院不能主动撤销当事人的婚姻关系。

四、请求权行使的时间

胁迫他人与之结婚,是违法行为,受胁迫方有权申请撤销。但是,受胁迫方必须在法律规定的时间内行使撤销婚姻效力的请求权。这是因为,因胁迫而缔结的婚姻往往是受胁迫方违背了自己的意愿,如果结婚后受胁迫方自愿接受了已经成立的婚姻关系,那么法律就应当确认婚姻关系继续有效,没有必要撤销婚姻关系;如果结婚后受胁迫方不愿维持已经成立的婚姻关系,就可以请求人民法院撤销其婚姻关系。另外,如果没有时间的限制,允许受胁迫方长期不行使撤销权,不主张撤销婚姻的效力,就会使得婚姻关系长期处于一种不稳定的状态,不利于家庭、社会的稳定,也不利于保护双方当事人的权益,特别是当事人所生子女的利益。并且,如果长时间后还允许当事人请求撤销婚姻关系,不仅当事人不易举证受到胁迫的事实,也很可能使人民法院难以作出准确的判断。因此《民法典·婚姻家庭编》规定,受胁迫方提出撤销婚姻效力的请求权必须在法律规定的时间内行使,如果超过了法律规定的期限不行使,则受胁迫方就失去了请求撤销婚姻关系的权利,其所缔结的婚姻即为合法有效的婚姻,受胁迫方不得再以相同的理由申请撤销该婚姻。

依照法律规定,"请求撤销婚姻的,应当自胁迫行为终止之日起一年内提出。被非法限制人身自由的当事人请求撤销婚姻的,应当自恢复人身自由之日起一年内提出"。这就意味着,受胁迫方撤销该婚姻的请求权,必须在一年内行使。一般的,受胁迫的一方撤销婚姻的请求,应当自胁迫行为终止之日起一年内提出;如果是被非法限制人身自由的情况,则一年的时间从被非法限制人身自由的一方恢复人身自由之日起算。比如,在被绑架、拐卖的妇女被迫与他人缔结婚姻关系的情况下,这些妇女被限制人身自由,在未被有关部门解救前或者人身自由恢复前是无法提出撤销婚姻的申请的;她们提出撤销婚姻效力的申请时间,应当是从她们恢复人身自由之日起一年的时间。

五、撤销受胁迫婚姻的机关

依照我国法律规定,因胁迫结婚的,受胁迫的一方可以向人民法院请求撤销婚姻。也就是说,只有人民法院有权撤销婚姻关系,受胁迫的一方也只能向人民法院申请撤销婚姻关系。婚姻关系为重大的身份关系,对于当事人、子女及其他近亲属都有重要的影响;并且在具体个案中是否存在胁迫以及胁迫认定需要依照法定程序由双方当事人质证,婚姻登记机关是国家行政机关,不是裁判机关,不能对当事人争议的、至关重要的身份问题作出裁判。因此,法律规定只能由人民法院撤销婚姻关系。

六、诉讼中的举证责任

受胁迫的当事人向人民法院请求撤销婚姻关系的,应当提供证据证明缔结的婚姻为胁迫婚。第一,须证明存在有胁迫行为。即行为人实施了以对受胁迫人及其近亲属的生命、身体健康、名誉、财产等方面造成损害为要挟的不法行为。胁迫行为的实施人可以是婚姻的一方当事人,也可以是与其有关系的第三人;受胁迫的人可以是婚姻当事人另一方,也可以是其近亲属。这里的近亲属一般包括父母、兄弟姐妹、祖父母、外祖父母。第二,须证明胁迫人的违法行为与受胁迫人同意结婚的意思表示之间存在因果关系。即受胁迫人之所以作出同意结婚的意思表示,是因为胁迫行为致其产生恐惧心理,基于恐惧心理而不得不表示同意结婚。第三,请求撤销婚姻的时间在法律规定的期限内,即请求撤销婚姻的,自胁迫行为终止之日起一年内提出;在存在被非法限制人身自由的情况时,此一年的时间自恢复人身自由之日起计算。只有满足三个方面证据的情况下,人民法院才会撤销婚姻关系。就对方当事人而言,其可以举证证明:第一,胁迫行为不存在,或者行为不构成胁迫;第二,因果关系不成立;第三,对方提出申请撤销婚姻的时间已经超过法定期限。这三个方面的证据,只要存在一个方面,就可能导致婚姻不被人民法院撤销。

第一千零五十三条　一方患有重大疾病的,应当在结婚登记前如实告知另一方;不如实告知的,另一方可以向人民法院请求撤销婚姻。

请求撤销婚姻的,应当自知道或者应当知道撤销事由之日起一年内提出。

释　义

本条是关于疾病婚姻可撤销的规定。

一、《民法典·婚姻家庭编》取消了"患有在医学上认为不应当结婚的疾病"的人禁止结婚的规定

禁止有特定疾病的患者结婚,一直是我国婚姻立法的传统。1950年《婚姻法》第5条规定,患花柳病或精神失常未经治愈,患麻风或其他在医学上认为不应结婚之疾病者禁止结婚。1980年颁布的《婚姻法》第6条规定,"患麻风病未经治愈或患其他在医学上认为不应当结婚的疾病"的,禁止结婚。2001年对1980年的规定作了修正,修正后的《婚姻法》第7条第(二)项以及《婚姻登记条例》第6条第(三)项均规定,"患有在医学上认为不应当结婚的疾病"的人禁止结婚。这些法律法规均是采取概括性规定的方式,禁止患有某些疾病的人结婚。《民法典·婚姻家庭编》中并没有延续这样的规定,即并没有规定禁止结婚的疾病范围,这主要是基于对当事人意思自治的尊重以及贯彻婚姻自由原则。当事人患有疾病、双方知情,并基于完全自愿结为夫妻,法律不应一律禁止。值得注意的是,从保护双方当事人的角度,患有某些疾病的人应当暂缓结婚。1995年6月1日施行的《中华人民共和国母婴保健法》第9条规定,"经婚前医学检查,对患指定传染病在传染期内或者有关精神病在发病期内的,医师应当提出医学意见;准备结婚的男女双方应当暂缓结婚"。第38条规定,"指定传染病,是指《中华人民共和国传染病防治法》中规定的艾滋病、淋病、梅毒、麻风病以及医学上认为影响结婚和生育的其他传染病","有关精神病,是指精神分裂症、躁狂抑郁型精神病以及其他重型精神病"。也就是说,患有指定的传染病者在传染期内,或患有精神病在发病期内,应依法暂缓结婚。另外,其第10条规定:"经婚前医学检查,对诊断患医学上认为不宜生育的严重遗传性疾病的,医师应当向男女双方说明情况,提出医学意见;经男女双方同意,采取长效避孕措施或者施行结扎手术后不生育的,可以结婚。"第 38 条规定,"严重遗传性疾病,是指由于遗传因素先天形成,患者全部或者部分丧失自主生活能力,后代再现风险高,医学上认为不宜生育的遗传性疾病",也就是说,患有这类疾病的男女双方如果同意采取长效避孕措施或者施行结扎手术不生育的,可以结婚。鉴于此,《民法典·婚姻家庭编》取消了原来《婚姻法》中关于"患有在医学上认为不应当结婚的疾病"的人禁止结婚的规定。但是,取消原规定并不意味着法律对此不予干涉。《民法典·婚姻家庭编》从可撤销婚姻的角度对于疾病婚进行了干预。

二、关于疾病婚的撤销

(一)重大疾病应如实告知

男女结婚后组成家庭,共同生活、养育子女。为了配偶、子女的身体健康及婚后的共同生活,双方对于彼此的健康状况有知情的权利。如果一方婚前患有重大疾病,应当如实告知对方,尊重对方的婚姻自主权;没有如实告知的,另一方可以向人民法院请求撤销婚姻。

撤销疾病婚的范围仅限于重大疾病。关于重大疾病的范围,《民法典·婚姻家庭编》中没有明示。一般而言,重大疾病是指医治花费巨大且在较长一段时间内严重影响患者及其家庭的正常工作和生活的疾病,通常包括恶性肿瘤、严重心脑血管疾病、需要进行重大器官移植的手术、有可能造成终身残疾的伤病、晚期慢性病、感染艾滋病病毒或患有艾滋病(在人体血液或其他样本中检测到艾滋病病毒或其抗体呈阳性,没有出现临床症状体征的,为感染艾滋病病毒;如果同时出现了明显临床症状或体征的,为患艾滋病)、严重脑损伤、严重帕金森病和严重精神病等。

(二)请求权人

撤销疾病婚的请求权人仅限于受隐瞒的一方,因为受隐瞒可能导致其结婚的意思表示不真实;隐瞒重大疾病的一方无权行使撤销权。值得注意的是,存在一方隐瞒重大疾病的情形时,并不意味着另一方一定要撤销婚姻关系;是否请求撤销,由受隐瞒的一方自己决定。如果受隐瞒的一方在规定的时间内提出申请,人民法院应依照法定程序撤销婚姻;如果受隐瞒的一方不提出申请,人民法院不可主动撤销当事人的婚姻关系。

（三）撤销权的行使期限

因一方隐瞒重大疾病、受隐瞒方请求撤销婚姻的,应当自知道或者应当知道撤销事由之日起一年内提出。这里的"知道",指的是受隐瞒方客观上已经知道了重大疾病被隐瞒的事实;这里的"应当知道",指的是依照常理推定受隐瞒方知道、实际上受隐瞒方可能由于自己的疏忽而不知道的情形。当事人请求撤销婚姻的,应当自知道或者应当知道撤销事由之日起一年内提出;超过一年的,无权向人民法院提起撤销婚姻的申请。此一年的时间为除斥期间,是请求权存在的时间,不适用法律关于时效中止、中断、延长的规定。

（四）撤销疾病婚的机关

在存在隐瞒重大疾病而结婚的情况下,请求权人(受隐瞒方)只能向人民法院请求撤销婚姻关系,不能向婚姻登记机关请求撤销婚姻关系。这是因为,婚姻关系的撤销事关重大,涉及双方当事人的身份关系,并且是否存在重大疾病以及重大疾病的认定也需要双方当事人质证,需要依法按程序严格进行;婚姻登记机关是国家行政机关,不是裁判机关,不能对当事人争议的、至关重要的身份问题作出裁判。因此,法律规定只能由人民法院撤销婚姻关系。

（五）诉讼中的举证责任

受隐瞒方向人民法院请求撤销婚姻关系时,应当提供证据证明对方没有如实告知重大疾病,包括:第一,应当证明重大疾病在结婚之前客观存在;第二,应当证明对方在结婚之前没有尽到告知义务,或者自己在结婚之前对于对方的重大疾病并不知情;第三,请求撤销婚姻的时间在法律规定的期限内,即自知道或者应当知道撤销事由之日起一年内提出申请。只有在三个方面的证据都满足的情况下,人民法院才会依法撤销婚姻关系。就另一方当事人而言,其可以提供证据证明:第一,重大疾病于结婚时不存在;第二,结婚之前已经告知对方自己的重大疾病、没有隐瞒;第三,对方提出申请撤销婚姻的时间已经超过法定期限,即自对方知道或者应当知道撤销事由之日起已经超过一年。这三个方面的证据,只要存在一个方面,就可能导致婚姻不被人民法院撤销。

第一千零五十四条 无效的或者被撤销的婚姻自始没有法律约束力,当事人不具有夫妻的权利和义务。同居期间所得的财产,由当事人协议处理;协议不成的,由人民法院根据照顾无过错方的原则判决。对重婚导致的无效婚姻的财产处理,不得侵害合法婚姻当事人的财产权益。当事人所生的子女,适用本法关于父母子女的规定。

婚姻无效或者被撤销的,无过错方有权请求损害赔偿。

释 义

本条是关于婚姻无效或者被撤销的法律后果的规定。

2001年修正后的《婚姻法》规定了婚姻无效或者被撤销的法律后果,其第12条规定:"无效或被撤销的婚姻,自始无效。当事人不具有夫妻的权利和义务。同居期间所得的财产,由当事人协议处理;协议不成时,由人民法院根据照顾无过错方的原则判决。对重婚导致的婚姻无效的财产处理,不得侵害合法婚姻当事人的财产权益。当事人所生的子女,适用本法有关父母子女的规定。"《民法典·婚姻家庭编》保留了原《婚姻法》的规定,同时增加了一款"婚姻无效或者被撤销的,无过错方有权请求损害赔偿"。

关于本条的理解,需要注意以下几个方面:

一、无效或者被撤销的婚姻,自始没有法律约束力

婚姻无效或者被撤销,具有溯及力,即从当事人结婚之时,婚姻就没有法律效力,即使当事人获取了婚姻证书,该婚姻也是自始无效,而不是从人民法院宣告婚姻无效或者撤销婚姻关系之时起婚姻才没有法律效力。另外,无效婚姻或者被撤销的婚姻,无论是否举行婚礼、是否共同生活,无论共同生活时间是否长久,婚姻关系自始不存在,不受法律保护。

二、当事人之间不具有夫妻的权利义务

无效或者被撤销的婚姻,当事人之间不具有夫妻的身份关系,不产生夫妻间的权利和义务。法律关于夫妻互相扶养的义务、相互继承遗产的权利等均不适用。

三、所生子女受法律保护

无效或者被撤销的婚姻,当事人与其所生子女的权利义务关系,适用法律有关父母子女间的权利义务关系的规定。即虽然子女不是在合法有效的婚姻

关系中出生,但子女仍然是父母双方的亲生子女,任何人不得加以歧视或者危害。这也意味着,无效或者被撤销的婚姻当事人与所生子女间的权利义务,与合法婚姻的当事人与所生子女间的权利义务是一样的,法律上一视同仁。包括:父母有抚养教育保护未成年子女的义务,子女对父母有赡养扶助的义务;父母不履行抚养义务时,未成年的或者不能独立生活的子女,有要求父母付给抚养费的权利,子女不履行赡养义务时,无劳动能力或生活困难的父母,有要求子女付给赡养费的权利;父母子女之间有相互继承遗产的权利。在婚姻关系无效或者被撤销后,父母双方对子女仍有抚养教育的权利和义务;一方抚养子女时另一方应负担必要的生活费和教育费等;不直接抚养子女的父或母,有探望子女的权利,另一方有协助的义务;等等。

四、关于财产的处理

对于无效或者被撤销的婚姻,当事人同居期间所得的财产,由当事人协议处理;协议不成时,由人民法院根据照顾无过错方的原则判决。对重婚导致的婚姻无效的财产处理,不得侵害合法婚姻当事人的财产权益。处理无效或者被撤销婚姻当事人同居期间所得财产,应当坚持以下原则:

第一,双方同居期间各自的收入,应当认定为同居期间的共有财产,双方另有约定的除外(例如,双方可以约定,同居期间各自的收入为个人财产)。

第二,在婚姻无效或婚姻关系被依法撤销时,财产如何分割,首先由当事人协议处理。如果无效婚姻或可撤销婚姻当事人在同居期间对财产的归属有约定的,要依据当事人的约定分割当事人同居期间的财产;如果当事人对同居期间财产的归属没有约定、双方又达不成协议时,人民法院对双方同居期间所得的财产,根据照顾无过错方的原则予以分割,即对无效婚姻、婚姻被撤销的无过错一方当事人可以多分财产,对于有过错的一方可以少分甚至不分。

第三,对因重婚导致婚姻无效的财产的处理,不得侵害合法婚姻当事人的财产权益。即因一方当事人重婚导致婚姻无效的,分割同居期间所得财产时,不得侵害重婚一方合法婚姻的配偶的财产权益。例如,甲丙为合法的夫妻关系,甲称自己未婚欺骗乙,乙在不知情的情况下与甲办理了结婚登记手续;甲乙共同生活期间,有存款20万元,甲另出资150万元为乙购买一处住房并登记在乙的名下。因婚姻无效分割财产时,一方面,根据照顾无过错方的原则,应照顾乙方的利益;另一方面,应当注意甲出资的购房款、甲同居期间的收入等,应当属于甲丙的夫妻共同财产(如果甲丙双方没有协议采取分别财产制的话),不能将应当属于丙的财产分配给乙。这也意味着,第一,甲乙共同生活期间存款20万元中,有一部分应当属于甲丙的夫妻共同财产;第二,甲出资的150万元应当属于甲丙的夫妻共同财产。应当注意保护合法婚姻中配偶丙的权利,甲个人无权处分属于甲丙的夫妻共同财产。

五、无过错方有权请求损害赔偿

婚姻无效或者被撤销的,无过错方有权请求损害赔偿。这里的损害赔偿,仅限于因为一方的过错(如一方的重婚行为、一方的胁迫行为、故意隐瞒重大疾病等),造成的婚姻无效或者被撤销的情形。适用此规定时,应特别注意以下几个方面:

第一,就赔偿请求权主体而言,只能是无过错方;

第二,就赔偿责任的承担者而言,仅限于导致婚姻无效或者被撤销的过错方;

第三,就赔偿的范围而言,包括财产损失和精神损害赔偿。如,在限制人身自由、暴力侵害身体健康的情形下,包括身体受到伤害而产生的医疗费、误工费、交通费、营养费、残疾赔偿金(残疾者生活补助费)等,以及精神损害赔偿。

六、无效婚姻和可撤销婚姻的异同

(一) 无效婚姻和可撤销婚姻的相同点

1. 二者都违反了法律关于婚姻成立的规定。

2. 有权宣告婚姻无效和撤销婚姻的国家机关均为人民法院。

3. 婚姻无效或者被撤销的法律后果相同。

(1)均是自始无效,男女双方自始不具有夫妻的身份关系以及夫妻间的权利义务。

(2)同居期间所得的财产,由当事人协商处理,协商不成时,均由人民法院根据照顾无过错方的原则依法判决。

(3)同居期间所生子女,均适用法律有关父母子女关系的规定。

(4)无过错方有权请求损害赔偿。

（二）无效婚姻和可撤销婚姻的不同点

1. 结婚时欠缺的条件不同。无效婚姻是基于当事人重婚、存在禁止结婚的亲属关系而无效，当事人的行为破坏社会秩序、损害社会公共利益；可撤销婚姻是基于当事人违反"结婚必须男女双方完全自愿"的规定，如被胁迫结婚、隐瞒重大疾病的事实等，影响的是当事人的自主决定权。

2. 时间限制不同。无效婚姻是绝对无效，只要符合无效婚姻的情形即无效，不会因时间的推移而变为有效。可撤销婚姻是相对无效，有一定的时间限制，会因时间的经过导致请求权消灭。即，受胁迫的一方请求撤销婚姻的，应当自胁迫行为终止之日起一年内提出；被非法限制人身自由的当事人请求撤销婚姻的，应当自恢复人身自由之日起一年内提出。

3. 请求权人不同。根据我国法律规定和目前的审判实践情况，有权向人民法院申请宣告婚姻无效的主体，包括婚姻当事人及利害关系人。这里的利害关系人包括：（1）以重婚为由申请宣告婚姻无效的，为当事人的近亲属及基层组织；（2）以未到法定婚龄为由申请宣告婚姻无效的，为未达法定婚龄者的近亲属；（3）以有禁止结婚的亲属关系为由申请宣告婚姻无效的，为当事人的近亲属。而有权向人民法院请求撤销婚姻关系的请求权人只能是婚姻缔结时的受胁迫方和隐瞒患有重大疾病的受害方（受隐瞒方）。

第三章 家庭关系

家庭关系是由法律规定的亲属之间的权利义务关系。本章规定了夫妻之间、父母子女之间、祖父母、外祖父母与孙子女、外孙子女之间及兄弟姐妹之间的人身、财产法律关系。第一节规定了夫妻之间的地位平等、姓名权、人身自由权、对子女的抚养权利义务、夫妻间的扶养义务以及夫妻家事代理权、继承权、夫妻财产制、夫妻共同债务等人身、财产法律关系,第二节规定了父母子女间的抚养、赡养权利义务、相互的继承权、亲子关系的确认与否认以及祖父母外祖父母与孙子女外孙子女之间、兄弟姐妹之间的一定条件下的扶养权利义务关系。

本章在原《婚姻法》的基础上完善了以下内容:一是明确了夫妻共同债务的范围,有效平衡各方利益。二是规范了亲子关系确认和否认之诉,有利于维护家庭稳定和未成年人的保护。在当今社会,家庭作为社会的基本组成部分,对社会秩序的稳健发展发挥着重要作用。有关亲属间权利义务的规定是《民法典·婚姻家庭编》的重要组成部分。

第一节 夫妻关系

第一千零五十五条 夫妻在婚姻家庭中地位平等。

释 义

本条是关于夫妻地位平等的规定。

我国自 1950 年《婚姻法》开始,即以男女平等为指导夫妻关系立法的基本原则。这是对夫妻法律地位的原则性规定,是男女平等原则在夫妻关系中的具体体现。我国目前尚处于社会主义初级阶段,妇女在家庭中的地位与法律的要求还有一定的差距。因此,应加强法律调整,保障夫妻在法律上的平等地位,以实现实质意义上的男女平等。

本条规定夫妻在婚姻家庭中地位平等,一方面强调夫妻在人格上的平等,夫妻具有独立的人格,夫妻双方应当互相尊重对方的人格独立,不得剥夺对方享有的权利;另一方面夫妻双方在人身关系和财产关系两个方面的权利和义务是完全平等的,其内容主要包括:夫妻间人身权利义务平等;对夫妻共同财产有平等的处理权;对子女有平等的抚养权;相互间有平等的扶养义务与继承权等。

夫妻在婚姻中地位平等,既是确定夫妻间权利和义务的基本原则,也是司法实践中处理夫妻间权利和义务纠纷的基本依据。现实生活是复杂多变的,在法律没有具体规定的情况下,对夫妻关系的处理,应按夫妻在婚姻家庭中地位平等这一原则予以处理。

第一千零五十六条 夫妻双方都有各自使用自己姓名的权利。

释 义

本条是关于夫妻姓名权的规定。

一、姓名权是自然人平等享有的人格权

所谓姓名,是姓与名的合称。在传统意义上,姓是表示家族的标志,名是代表个人的标志。就法律意义而言,姓名是使自然人特定化的社会标志,有无姓名权是有无独立人格的重要标志,姓名权是人格权的重要组成部分,是一项重要的人身权利。夫妻有无独立的姓名权是夫妻在家庭中有无独立人格和地位的一种标志。

姓名权是自然人依法享有的决定、使用、变更或许可他人使用自己姓名并排除他人干涉或者非法使用的权利。《民法典》第 1012 条规定,"自然人享有姓名权,有权依法决定、使用、变更或者许可他人使用自己的姓名"。

姓名权包括以下内容:

1.姓名决定权。姓名决定权是指自然人决定自己姓名的权利。自然人在未成年时,其姓名权由父母代理行使,这也是父母对未成年子女亲权的内容。成年后自然人可亲自行使姓名决定权,即可以认可父母确定的姓名,也可以依法变更自己的姓名,还可以根据自己的意愿确定本名之外的别名、笔名、艺名等。

2.姓名使用或许可他人使用权。姓名使用权是指自然人对自己姓名的使用权,包括自己使用、不使用或禁止他人使用、许可他人使用的权利。当事人行使姓名权必须依法行使,在从事重要法律行为时必须使用在户籍登记机关登记的正式姓名。自然人有使用自己姓名或许可他人使用自己姓名的权利,但行使姓名使用权不得损害他人利益,即不得滥用姓名权。

3.姓名变更权。姓名变更权是指自然人依照法律规定的程序而改变姓名的权利。这一权利来自于姓名决定权,也是姓名决定权的应有之义。变更姓名应按我国户口登记条例规定的程序在户口登记机关办理姓名变更登记。

二、夫妻的姓名权不受结婚的影响

姓名权是每个公民平等享有的人格权,本条的立法意图在于强调姓名权不受结婚的影响,保障妇女婚后独立的姓名权,维护已婚妇女独立的人格,促进夫妻家庭地位平等。

在古代,各国法律都要求妇女从夫姓,这显然是夫权婚姻的产物。在我国封建社会,婚姻多实行男娶女嫁,女子婚后即加入夫宗,冠以夫姓而丧失姓名权。现代各国立法大多规定妻可从夫姓、夫可从妻姓,也可有其他选择。但出于传统习惯,现代西方国家及我国港、澳、台地区,大多数妇女仍习惯于婚后从夫姓。

中华人民共和国成立后,1950年和1980年两部《婚姻法》均规定夫妻双方都有各用自己姓名的权利。这里虽然是夫妻并提,但其针对性主要是保护已婚妇女的姓名权,体现了男女平等原则,有利于破除旧的习俗和法律。现实生活中,我国妇女结婚后仍使用自己的姓名已成为习惯。当然,此规定并不妨碍夫妻就姓名问题另作约定。只要夫妻双方自愿达成一致的协议,无论是夫妻各用自己的姓氏、妻随夫姓、夫随妻姓,或相互冠姓,法律都是允许的。

夫妻享有平等的姓名权对子女姓氏的确定有重要意义。未成年子女的姓氏,应当由父母双方协商确定。同时,如果给未成年子女变更姓名,也应父母双方协商一致依法变更。子女成年后,有权依法决定保留原姓名或变更原有姓名,包括父母在内的其他人不得非法干涉。

第一千零五十七条 夫妻双方都有参加生产、工作、学习和社会活动的自由,一方不得对另一方加以限制或者干涉。

释 义

本条是关于夫妻参加各种活动的自由的规定。

一、人身自由权是夫妻平等享有的人格权

人身自由权是指自然人依法享有的本人的人身和行动完全由自己支配,不受任何组织和个人非法限制或侵害的权利。人身自由权是每个公民都平等享有的权利。

《民法典》第 109 条规定:"自然人的人身自由、人格尊严受法律保护。"《民法典》第 990 条第 2 款规定:"除前款规定的人格权外,自然人享有基于人身自由、人格尊严产生的其他人格权益。"本条规定的夫妻参加各种活动的自由主要强调公民的人身自由权不因结婚而受限制,已婚男女仍然享有以独立身份、按照本人意愿参加社会活动、进行社会交往、从事社会职业的自由权利,它对于夫妻双方都适用。从立法的针对性来看,主要是保护妇女参加社会活动的自由权利,禁止丈夫或其他人横加干涉或限制。

夫妻有人身自由权是夫妻家庭地位平等的重要标志。我国在封建社会时期长期实行夫权统治,妇女受"男女有别""男主外,女主内""三从四德"等封建礼教的束缚,没有参加工作和社会活动的权利,完全丧失了人身自由,在家庭中处于从属地位,在社会上更没有地位。中华人民共和国成立以来,我国妇女在政治、经济、文化和婚姻家庭等方面获得了与男子平等的地位,在社会生产劳动中发挥了重要作用。但在现实生活中,由于男女在经济、文化等方面仍存在着事实上的差距,在一些家庭的夫妻关系中封建夫权思想的残余影响还仍然存在,丈夫限制妻子人身自由的现象时有发生。因此,本条规定夫妻人身自由权,对于进一步破除封建思想的影响,保障已婚妇女的人身自由具有积极意义。

二、夫妻人身自由权的主要内容

1. 夫妻双方都有参加生产、工作的权利。这里的"生产、工作"泛指从事一切正当的社会生产经营活动和一定的社会职业。在我国社会主义制度下，该项权利能够得到充分保障。我国已婚妇女的就业率处世界领先水平，且《妇女权益保障法》中对保护妇女的劳动权益作了详尽规定，如平等录用、男女同工同酬，妇女在孕期、产期、哺乳期受特殊保护等。妇女参加社会生产、劳动，是夫妻平等的标志，也是夫妻平等的保障，只有当妇女和男子共同参加社会生产劳动，妇女在社会和家庭中才能处于同男子平等的地位。

2. 夫妻双方都有参加学习的权利。"参加学习"不仅包括接受正规的学校教育，而且包括扫盲、职业教育与其他形式的专业知识和专业技能学习。学习的权利实际上就是受教育的权利，受教育权是我国宪法规定的公民享有的基本权利。只有接受教育，学习各种文化知识，全民文化素质才能提高。已婚妇女文化素质的提高，是其在社会上和家庭中实现与男子真正平等的精神文化基础。因此，保障夫妻双方参加学习的权利，尤其是保障已婚妇女学习的权利具有重要的意义。

3. 夫妻双方都有自由参加社会活动的权利。"社会活动"包括参政、议政活动，科学、技术、文学、艺术和其他文化活动，各种群众、社会团体的活动，以及各种形式的公益活动等。法律赋予夫妻双方这种权利，既是公民民主权利在家庭关系中的反映，也是社会主义夫妻关系本质的要求，同时还是促进国家和社会发展的需要。中华人民共和国成立以后，我国妇女全面参与国家和社会事务管理，在政治、经济、文化、教育、体育卫生等社会生活的各个方面都取得了令人瞩目的发展。

毋庸置疑，夫妻行使人身自由权，必须符合法律和公序良俗的要求。夫妻双方应当互相尊重、互相协商，将参加工作、学习和社会活动与履行家庭义务协调统一起来，任何一方都不得对他方行使人身自由权进行非法限制或干涉。夫妻双方应合理分担家务，确保已婚妇女的人身自由权利。

第一千零五十八条　夫妻双方平等享有对未成年子女抚养、教育和保护的权利，共同承担对未成年子女抚养、教育和保护的义务。

释 义

本条是关于夫妻抚养、教育和保护子女的权利义务平等的规定。

《民法典》第 1067 条及第 1068 条规定了父母与子女之间的权利义务关系。本条规定的则是夫妻双方作为父母对未成年子女的权利和义务是平等的,强调的是夫妻之间抚养、教育和保护子女权利义务的平等性。

一、夫妻双方平等享有对未成年子女抚养、教育和保护的权利

夫妻平等享有对未成年子女抚养、教育和保护的权利。抚养,是指父母在物质上、经济上对未成年子女的供养及在生活上的照料,如负担未成年子女的生活费、教育费、医疗费及其他必要的费用。教育和保护,是指父母一方面应教育未成年子女不得损害他人和社会的利益,另一方面应防范和排除来自自然界或社会对未成年子女人身或财产权益的非法侵害,使未成年子女的身心处于安全状态。根据《民法典·总则编》和本编的有关规定,父母对子女的保护主要表现为:父母应当保护未成年子女的身心健康;管理未成年人的财产,除为了未成年子女的利益外,不得擅自处分属于未成年子女的财产;代理未成年人进行民事活动;为未成年子女提供住所;当未成年子女的人身或财产权益遭受他人侵害时,父母有权以法定代理人的身份提起诉讼,请求停止侵害、排除妨碍、赔偿损失等。

二、夫妻共同承担对未成年子女抚养、教育和保护的义务

父母对子女抚养、教育和保护既是权利,也是法定的义务。父母对未成年子女的抚养、教育和保护是无条件的,在任何情况下都不能免除;即使父母已经离婚,对未成年子女仍应依法履行抚养的义务。法律同时要求,保护和教育未成年子女的手段、方式、方法要得当,不得以损害未成年子女的权益为代价,更不允许虐待和遗弃未成年子女。依据我国《未成年人保护法》规定,保护未成年人应当遵循的原则为:保障未成年人的合法权益;尊重未成年人的人格尊严;适应未成年人的身心发展特点;教育与保护相结合。

夫妻共同承担对未成年子女抚养、教育和保护的义务,不得相互推诿、懈怠。实践中有的夫妻一方以家庭分工不同为由或借其他借口,不承担对未成

年子女抚养、教育和保护的义务,未成年子女有权依《民法典》第 1067 条的规定要求其承担责任。

     第一千零五十九条 夫妻有相互扶养的义务。

     需要扶养的一方,在另一方不履行扶养义务时,有要求其给付扶养费的权利。

释 义

本条是关于夫妻相互扶养义务的规定。

一、扶养的概念及夫妻相互扶养义务的意义

扶养是指一定亲属间的相互供养和扶助的行为。虽然现代国家都在致力于建立健全各种形式的社会保障制度,对弱势群体提供基本的生存保障,但亲属间的扶养仍具有重要意义。尤其是我国目前仍处于社会主义初级阶段,社会保障制度尚不健全,家庭仍承担着重要的扶养功能。

《民法典·婚姻家庭编》依据亲属的辈分不同,将扶养分为长辈对晚辈的抚养、晚辈对长辈的赡养、配偶之间和兄弟姐妹之间的扶养三种。本条规定夫妻间扶养的权利和义务,对保障夫妻正常生活,保护婚姻关系的稳定,加强夫妻间在物质上帮助、生活上相互照料的责任,具有重要意义。

二、夫妻相互扶养义务的履行

(一) 夫妻之间的相互扶养义务以夫妻合法身份关系的存在为前提条件

夫妻之间的相互扶养义务,是夫妻身份关系所导致的必然结果。夫妻之间接受扶养的权利和履行扶养对方的义务是以夫妻合法身份关系的存在为前提条件的,这种扶养权利和义务始于婚姻缔结之日,消灭于婚姻终止之时。

(二) 夫妻扶养义务是对等的

夫妻一方向对方所负的扶养义务,从接受者的角度来看,就是接受扶养的权利。任何一方既是权利人,也是义务人。

（三）夫妻相互扶养义务具有强制性

夫妻相互扶养义务,其内容包括夫妻之间相互为对方提供经济上的供养和生活上的扶助,以此维系婚姻家庭日常生活的正常进行。夫妻相互扶养义务,属于民法上的强制性义务,夫妻一方不履行扶养义务时,需要扶养的一方有权要求对方给付扶养费,以维持其生活所必需。享有请求权的人,必须是无独立生活能力或生活有困难的一方,此为夫妻一方通过自力救济的方法来实现接受扶养的权利。

当夫妻间因履行扶养义务问题发生争议时,需要扶养的一方可依法行使追索扶养费的请求权,既可以向人民调解组织提出调解申请,也可以直接向人民法院提起追索扶养费的民事诉讼。人民法院审理扶养纠纷所作出的调解书或判决书,均具有强制执行的法律效力。通过民事诉讼程序强制有扶养义务的夫妻一方履行扶养义务,是夫妻一方通过司法救济的方法维护其权利。

在司法实践中,无民事行为能力人的配偶有虐待、遗弃等严重损害无民事行为能力一方的人身权利或财产权益行为,其他有监护资格的人,即无民事行为能力人的配偶以外的近亲属,可以依照特别程序要求变更监护关系,以保障无民事行为能力人的合法权益。

第一千零六十条　夫妻一方因家庭日常生活需要而实施的民事法律行为,对夫妻双方发生效力,但是夫妻一方与相对人另有约定的除外。

夫妻之间对一方可以实施的民事法律行为范围的限制,不得对抗善意相对人。

释　义

本条是关于夫妻日常家事代理权的规定。

夫妻日常家事代理制度,是指夫妻一方因家庭日常生活需要与第三人交往时所为的民事法律行为,视为夫妻共同意思表示并由夫妻共同承担责任的制度。

一、家庭日常生活需要的认定

家庭日常生活需要是指通常情况下必要的家庭日常消费,主要包括正常的衣食消费、日用品购买、子女教育、老人赡养等各项费用,是维系一个家庭正常生活所必需的开支。国家统计局有关统计资料显示,我国城镇居民家庭消费种类主要分为食品、衣着、家庭设备用品等 8 大类。家庭日常生活的范围,可以参考上述 8 大类家庭消费,根据双方的职业、身份、资产、收入、兴趣、家庭人数等夫妻共同生活的状态,和当地一般社会生活习惯予以认定。

二、夫妻一方因家庭日常生活需要而实施的民事法律行为的效力

由于家庭日常生活需要是夫妻双方共同的需要,夫妻在家庭生活中关系密切,法律认可双方同为婚姻共同生活的代表,赋予夫妻有日常家事代理权,即一方因家庭日常生活需要而实施的民事法律行为,对夫妻双方发生效力。赋予夫妻日常家事的代理权,可以扩张夫妻的意思自治能力,方便社会经济交往。同时,由于夫妻共同对一方作出的民事法律行为承担责任,也有利于保护相对人的利益及维护交易安全。

但是夫妻一方与相对人另有约定行为仅对夫妻一方有效的,夫妻另一方不必承担责任,例如夫妻一方为家庭日常生活需要借款时,和债权人明确约定以借款一方个人财产清偿的,债权人明知而且同意行为只对该当事人一方生效的,夫妻另一方不必承担责任,这是承认与尊重相对人的意思自治的体现。

三、夫妻之间关于日常家事代理权的限制,不得对抗善意相对人

夫妻之间对于一方可以实施的民事法律行为的范围可以约定一定限制,例如约定价款在 1 万元以上的生活用品买卖合同应经双方同意,一方不能擅自做主。善意相对人是指对于夫妻之间此种范围限制并不知情的相对人,如果夫或妻一方超越了此限制,相对人对这种限制不知情的,仍应由夫妻共同承担责任。这也符合《民法典》第 172 条规定的表见代理制度:"行为人没有代理权、超越代理权或者代理权终止后,仍然实施代理行为,相对人有理由相信行为人有代理权的,代理行为有效。"此处,依本条第 1 款规定,夫妻双方享有家事代理权,如一方超越了双方内部约定的限制,实属超越代理权的行为,但相对人不知此限制,同时因为行为人的夫妻关系而相信行为人是代理夫妻双方,代理行为有效,即夫妻关于日常家事代理范围的限制不得对抗善意相对人,行为后果由夫妻共同承担责任。

第一千零六十一条　夫妻有相互继承遗产的权利。

释　义

本条是关于夫妻相互继承权的规定。

《民法典·继承编》在法定继承中对配偶继承权作了全面具体的规定。我国《妇女权益保障法》第 34 条第 1 款针对妇女继承权容易受到侵犯的现实,还特别强调"妇女享有的与男子平等的财产继承权受法律保护。在同一顺序法定继承人中,不得歧视妇女"。法定继承,是指直接按照法律规定的继承人范围、继承顺序和遗产分配原则由法律直接规定的继承方式。只有在被继承人生前未立遗嘱或者遗嘱无效、有遗嘱未处分的遗产等情况下才适用法定继承。如果被继承人生前立有合法有效的遗嘱,则应按其遗嘱分配其遗产。以夫妻身份关系为前提,确认配偶之间为法定继承人,相互享有遗产继承权,是现代继承法和婚姻家庭法的通例。

一、夫妻相互继承权的先决条件是婚姻关系的合法存在

夫妻相互继承权是一种身份财产权,带有身份和财产双重属性。一方面,只有在婚姻关系依法有效缔结之后,合法有效终止之前,配偶一方死亡,另一方才享有法定继承权。如果双方仅是同居关系,就不享有相互的法定继承权。另一方面,夫妻间的继承权因结婚而发生,因离婚而消灭。即使双方正处于分居状态或者正处于离婚诉讼过程中,一方死亡,生存配偶方仍对死者遗产享有法定继承权。

对于没有配偶的男女未进行结婚登记而以夫妻名义同居生活,在同居期间一方死亡,另一方要求继承死者遗产的,如认定为事实婚姻关系,则可以配偶身份按继承法的有关规定处理;如不属于事实婚姻,仅为同居关系,则不能以配偶身份享有法定继承权。如果符合《民法典》第 1131 条有关非继承人取得遗产的规定,可根据相互扶养的具体情况处理。1950 年《婚姻法》颁布前被继承人所纳之妾,如果多年来一直与被继承人共同生活,当被继承人死亡时,可对丈夫遗产享有同等的继承权。

二、夫妻双方继承权平等

配偶互为第一顺序法定继承人,享有同等的继承权,除了《民法典·继承

编》所规定的丧失继承权和限制遗产分割份额的情形之外,任何人均不得以任何借口剥夺、干涉或妨碍生存配偶对继承权的享有和行使。在我国,一些人因旧时"宗祧继承""男尊女卑"封建思想的遗留,仍然歧视妇女的继承权,干涉丧偶女性继承遗产再婚,这侵害了妻子的继承权。继承权平等是现代法律男女平等原则基本价值的体现,夫妻相互之间享有平等的继承权,丧偶男女平等地享有继承遗产后再婚的权利。

三、夫妻相互继承权的行使

按照夫妻的财产约定或依法律规定存在共同财产的场合,配偶一方死亡,应先对夫妻共同财产进行认定和分割,同时确定死者个人遗产的价值和范围,然后再进行继承,以保障生存一方的共有财产权,认定和保护生存配偶及其他同一顺序继承人的继承权。

夫妻互为第一顺序法定继承人,享有同等的继承权。夫妻相互继承权不受婚姻存续时间长短的影响。现实生活中,有的夫妻登记结婚后尚未同居或同居时间很短,一方死亡的,应承认另一方享有继承权。至于遗产份额的划分,可根据时间的长短、尽扶养义务的多少等因素,酌情处理。

第一千零六十二条 夫妻在婚姻关系存续期间所得的下列财产,为夫妻的共同财产,归夫妻共同所有:

(一)工资、奖金、劳务报酬;

(二)生产、经营、投资的收益;

(三)知识产权的收益;

(四)继承或者受赠的财产,但是本法第一千零六十三条第三项规定的除外;

(五)其他应当归共同所有的财产。

夫妻对共同财产,有平等的处理权。

释 义

本条是关于夫妻共同财产的规定。

一、夫妻共同财产的概念和范围

在夫妻对其财产未作约定或约定不合法、不明确的情况下,当然适用法定财产制。本条规定的夫妻共同财产是指夫妻双方或一方在婚姻存续期间所得,除法律另有规定或夫妻另有约定外,归夫妻共同所有的财产。从夫妻共同财产所有权的主体上看,只能是具有婚姻关系的夫妻。无效婚姻、被撤销婚姻、同居关系的男女不能作为其主体。从时间范围上看,夫妻共同财产的范围只限于婚姻关系存续期间所得的财产,即从男女登记结婚之日起,到夫妻离婚或配偶一方死亡时为止这一特定期间内夫妻所得的财产。

依本条规定,夫妻在婚姻关系存续期间所得的下列财产视为夫妻共同财产:

(一) 工资、奖金、劳务报酬

这里的"工资、奖金"泛指工资性收入,目前我国职工的收入除基本工资之外,还有各种形式的补贴、奖金、福利等,甚至还存在着一定范围的实物分配。在一些现代企业中,还存在着年薪、股份期权等收入形式,这些都属于工资性收入,属于夫妻共同财产的范围。劳务报酬是指工资、奖金形式之外个人提供劳务的报酬所得,例如演员、运动员劳务所得等。

(二) 生产、经营、投资的收益

这里的"生产、经营、投资的收益"既包括农民的生产劳动收入,也包括工业、服务业、信息业等行业的生产、经营收益。随着市场经济的发展,越来越多的资本拥有者投资于股票、债券市场,投资于公司、企业经营等,收益丰厚。婚姻关系存续期间的这些经营收益也属于夫妻共同财产。可见,从事生产经营的收益,既包括劳动所得,也包括大量的资本性收入。实践中,在个体工商户、承包经营户、股份制企业的股东和私营企业主的家庭中,夫妻财产关系比较复杂,通常而言,夫妻在婚姻关系存续期间用共同财产与他人合伙、认购股份有限公司股份、出资作为有限责任公司股东的,该财产权益为双方共有。

(三) 知识产权的收益

知识产权是指民事主体对其创造性的智力劳动成果依法所享有的专有权利,它既是一种财产权,也是一种人身权,具有很强的人身性、专属性。"知识产权的收益",是指婚姻关系存续期间,实际取得或者已经明确可以取得的财产性收益。例如,婚姻关系存续期间,作品因出版、上演、播映后取得的报酬或允许他人使用而获得的报酬,专利权人转让专利权或许可他人使用其专利所取得的报酬,商标所有人转让商标权或许可他人使用其注册商标所取得的报酬等,都属于知识产权的收益,归夫妻共同所有。

（四）继承或者受赠的财产,但是《民法典》第 1063 条第 3 项规定的除外

婚姻关系存续期间一方因继承或赠与所得的财产,为夫妻共同财产,但在遗嘱或赠与合同中指明归一方的财产除外。因继承所得的财产是指依据《民法典·继承编》的规定所继承的积极财产,即以遗产清偿被继承人所欠的税款和债务后所剩余的财产,包括公民个人的财产所有权、担保物权、债权、知识产权中的财产权等。因赠与所得的财产是指基于赠与合同而取得的财产。因继承或赠与所得的财产,一般归夫妻共同所有,因为共同财产制关注的是家庭,是夫妻共同组成的生活共同体,在这一制度下,夫妻一方婚后继承或受赠与的财产,同个人的工资收入一样,都是满足婚姻共同体存在的必要财产,应当归夫妻共同所有。但在遗嘱或赠与合同中指明归一方的财产则应归该方个人所有,这样就尊重了遗嘱人、赠与人的意愿,即尊重了遗嘱人、赠与人对其财产的处分权。

在我国,有些地区有父母出资为子女购置房屋的传统,在司法实践中,对于该赠与房屋的认定,当事人结婚前,父母为双方购置房屋出资的,该出资认定为对自己子女的个人赠与,但父母明确表示赠与双方的除外。当事人结婚后,父母为双方购置房屋出资的,该出资应当认定为对夫妻双方的赠与,但父母明确表示赠与一方的除外。婚后由一方父母出资为子女购买的不动产,产权登记在出资人子女名下的,视为只对自己子女一方的赠与,该不动产应认定为夫妻一方的个人财产。由双方父母出资购买的不动产,产权登记在一方子女名下的,该不动产可认定为双方按照各自父母的出资份额按份共有,但当事人另有约定的除外。

（五）其他应当归共同所有的财产

这是对上述各项规定的财产之外应当属于夫妻共同所有的其他财产的概括性规定。随着社会的发展和人们生活水平的提高,夫妻共同财产的范围不断扩大,共同财产的种类不断增加,上述四项只是列举了现已较为明确的共同财产的范围,但难以列举齐全,例如在司法实践中,夫妻一方个人财产在婚后产生的收益,除孳息和自然增值外,认定为夫妻共同财产。此外,一方以个人财产投资取得的收益；男女双方实际取得或者应当取得的住房补贴、住房公积金；男女双方实际取得或者应当取得的养老保险金、破产安置补偿费等，在司法实践中也认定为夫妻共同财产。

二、夫妻对共同财产有平等的处理权

夫妻在婚姻存续期间，双方对夫妻共同财产拥有平等的所有权，其性质是法定共同共有，即夫妻双方对共同财产平等、不分份额地享有占有、使用、收益和处分的权利。我国《妇女权益保障法》第 47 条第 1 款也规定："妇女对依照法律规定的夫妻共同财产享有与其配偶平等的占有、使用、收益和处分的权利，不受双方收入状况的影响。"其中处分权是所有权中最重要的权能，因为它直接涉及共同财产的命运。所谓"夫妻对共同财产，有平等的处理权"，在司法实践中应区分对财产的处理是否"因日常生活需要"而作以下两方面的理解：

（一）因日常生活需要而处理夫妻共同财产的，任何一方均有权决定

依前述《民法典》第 1060 条的规定，夫妻之间相互享有日常家事代理权，夫妻一方因家庭日常生活需要而实施的民事法律行为，对夫妻双方发生效力，但是夫妻一方与相对人另有约定的除外。夫妻之间对一方可以实施的民事法律行为范围的限制，不得对抗善意相对人。

（二）夫或妻非因日常生活需要对夫妻共同财产作重要处理决定，夫妻双方应当平等协商，取得一致意见

他人有理由相信处理共同财产的行为是夫妻双方共同意思表示的，另一方不得以不同意或不知道为由对抗善意第三人。依照民法关于共同共有的原理，夫妻双方在行使处分权时，应当协商取得一致意见。凡是重大财产问题，未经双方同意，任何一方不得擅自处理。当然在涉及善意第三人的问题上，如依民法的善意取得制度，第三人构成善意取得的，即使事实上是单方的擅自处分，也应保护善意第三人的利益，而在夫妻之间由擅自处分方赔偿另一方的损失。例如在司法实践中，一方未经另一方同意出售登记在一方名下的夫妻共同共有的房屋，第三人善意购买、支付合理对价并办理产权登记手续，另一方主张追回该房屋的，人民法院不予支持。夫妻一方擅自处分共同共有的房屋造成另一方损失，离婚时另一方请求赔偿损失的，人民法院予以支持。

第一千零六十三条 下列财产为夫妻一方的个人财产：

（一）一方的婚前财产；

（二）一方因受到人身损害获得的赔偿或者补偿；

（三）遗嘱或者赠与合同中确定只归一方的财产；

（四）一方专用的生活用品；

（五）其他应当归一方的财产。

释 义

本条是关于法定夫妻个人财产的规定。

一、夫妻个人财产的概念

夫妻个人财产，是指夫妻在婚后实行共同财产制时，依据法律的规定或夫妻双方的约定，夫妻保有个人财产所有权的财产。夫妻个人所有的财产，应由其本人占有、管理、支配和处分，他人无权干预；在离婚时，归个人所有，他人无权分割；在财产所有人死亡时，应划入遗产的范围，按《民法典·继承编》处理。

确立夫妻个人财产制的立法宗旨是保护公民个人在婚姻家庭中的合法权益。根据我国《宪法》和《民法典·总则编》的规定，公民个人的财产所有权不因该公民与他人缔结婚姻关系而丧失其存在的必要，法律仍应给予承认和保护。

二、夫妻个人财产的范围

夫妻个人财产主要由两部分组成：一部分是根据夫妻之间的约定归夫妻个人所有的财产；另一部分则是本条所规定的以下内容：

（一）一方的婚前财产

婚前财产是指夫妻在结婚之前各自所有的财产，包括婚前个人劳动所得财产、继承或受赠与所得财产以及其他合法财产。财产的形式可以是存款、婚前购置的用于个人使用的生活用品，也可以是普通的生产资料、生活资料；可以是动产也可以是不动产。一方的婚前财产属于夫妻个人财产，无论婚姻存续期间有多长，都不能转化为夫妻共同财产，除非当事人另有约定。例如婚前一方购买登记在其个人名下的房屋即为婚前财产,属于夫妻个人财产。

(二) 一方因受到人身损害获得的赔偿或者补偿

一方因受到人身损害获得的医疗费、残疾人生活补助费、精神损害赔偿金等赔偿或者补偿,具有人身性质,用于保障受害人的就医和生活,应归一方个人所有。这样有利于维护受害人的合法权益,为受害人能够得到有效治疗及精神抚慰、残疾人能够正常生活提供了法律保障。例如一方遭遇交通事故而伤残,该方获得的交通事故责任人赔付的医疗费、残疾人生活补助费、精神损害赔偿金属于该方个人财产。

(三) 遗嘱或赠与合同中确定只归一方的财产

夫妻关系存续期间,因继承或赠与所得的财产,归夫妻共同所有,但是如果立遗嘱人或赠与人,在遗嘱或赠与合同中确定遗产或赠与的财产只归夫妻一方个人所有的,则为个人财产。这主要是为了尊重遗嘱人或赠与人的个人意愿,保护公民对其财产的自由处分权。

(四) 一方专用的生活用品

夫妻一方专用的生活用品是指婚后以夫妻共同财产购置的供夫或妻个人使用的生活消费品,具有专属于个人使用的特点,如夫妻一方因身体、生活、工作等特殊需要由个人使用的包括个人的衣服、鞋帽、化妆品、残疾人使用的轮椅或其他辅助器械、专业书籍等物品。但如果属于"一方专用的生活用品"价值较高或者在家庭财产中所占比重较大的,在离婚时分割其他共同财产时应当对另一方的份额或比例予以适当考虑。但该"专用的生活用品"为婚前购置或者双方另有约定的除外。

(五) 其他应当归一方的财产

司法实践中,军人的伤亡保险金、伤残补助金、医药生活补助费属于个人财产。再如夫妻一方获得的代表优胜者荣誉的奖章、奖牌、奖杯、带有明显纪念意义的奖品等,因具有一定的人身属性,应归获得该荣誉的夫妻一方个人所有。但在婚姻关系存续期间,该荣誉获得者因此所获得的奖金或其他物质奖励,如当事人之间没有约定,应依法认定为夫妻共同财产。夫妻一方个人财产在婚后产生的孳息和自然增值,一般认定为夫妻一方个人财产。

第一千零六十四条　夫妻双方共同签名或者夫妻一方事后追认等共同意思表示所负的债务,以及夫妻一方在婚姻关系存续期间以个人名义为家庭日常生活需要所负的债务,属于夫妻共同债务。

夫妻一方在婚姻关系存续期间以个人名义超出家庭日常生活需要所负的债务,不属于夫妻共同债务;但是,债权人能够证明该债务用于夫妻共同生活、共同生产经营或者基于夫妻双方共同意思表示的除外。

释 义

本条是关于夫妻共同债务的规定。

夫妻共同债务是指夫妻共同所负的债务、一方或双方为维持夫妻共同生活、共同生产经营所负的债务,例如夫妻购置家庭用品、购置或修缮房屋所负的债务、为支付日常生活开支所负的债务;夫妻一方或双方为治疗疾病所负的债务;为履行抚养教育义务和赡养义务所负的债务等。

一、夫妻共同债务的种类

依本条规定,夫妻共同债务可以分为以下三类:

(一) 基于夫妻双方共同意思表示所负的债务

《民法典》第 143 条规定了民事法律行为的有效要件:“具备下列条件的民事法律行为有效:(一)行为人具有相应的民事行为能力;(二)意思表示真实;(三)不违反法律、行政法规的强制性规定,不违背公序良俗。”可见,意思表示真实是行为有效的要件之一,对于夫妻共同负债的行为,必须具有夫妻双方共同的真实意思表示,才能认定为夫妻共同债务,对双方有效,例如这两种形式:

1. 在债权凭证上夫妻双方共同签字。例如夫妻双方在借款条上共同签字,即为双方关于借款的共同意思表示,该借款属于夫妻共同债务。

2. 基于夫妻一方意思表示所负债务,另一方事后追认。例如借款时在借条上只有丈夫一人签字,事后妻子签字同意或以其他方式表示同意即为追认,追认后即为夫妻共同债务。

基于夫妻双方意思表示所负的债务,无论是否超出家庭日常生活需要,都属于夫妻共同债务。

（二）夫妻一方在婚姻关系存续期间以个人名义为家庭日常生活需要所负的债务

婚姻关系存续期间夫妻一方以个人名义为家庭日常生活需要所负的债务,具备日常性与合理性,为夫妻共同债务。"家庭日常生活需要"一般包括家庭日常生活消费、日常精神消费、日常投资性消费以及为赡养老人、抚养教育子女的合理花费等,应该结合夫妻的家庭生活水准、借贷的目的等因素综合衡量。如果一方擅自对外高额借款,借款后自己挥霍浪费,严重侵害另一方的财产权益,该借款就不属于夫妻共同债务。对于家庭日常生活需要范畴内的债务,债权人一般无需举证,配偶一方如果主张不属于夫妻共同债务,则需要举证证明举债人所负债务并非用于家庭日常生活。

（三）夫妻一方在婚姻关系存续期间以个人名义超出家庭日常生活需要所负,但债权人能够证明债务用于夫妻共同生活、共同生产经营或基于夫妻双方共同意思表示的债务

如果债权人能够证明夫妻一方在婚姻关系存续期间以个人名义超出家庭日常生活需要所负的债务,用于夫妻共同生活、共同生产经营的或基于夫妻双方共同意思表示的,仍属夫妻共同债务。例如有的债务超出家庭日常生活范围,但是由夫妻双方共同消费支配或者形成共同财产,或者基于夫妻共同利益管理共同财产而产生,也属于夫妻共同债务。夫妻共同生产经营是指由夫妻双方共同决定生产、经营事项,或者虽由一方决定但得到另一方授权的情形。判断生产经营活动是否属于夫妻共同生产经营,要根据经营活动的性质以及夫妻双方在其中的地位作用等综合认定。夫妻共同生产经营所负的债务一般包括双方共同从事工商业、购买生产资料所负的债务,以及共同从事投资或者其他金融活动所负的债务等。

实践中存在夫妻双方已经分居或提起离婚诉讼后,夫妻一方新形成债务的情形,如果能够证明该债务基于双方共同意思产生或者用于家庭共同生活或共同经营的,才属于夫妻共同债务。还存在夫妻一方隐瞒另一方对外经营,经营所获得利益未用于夫妻家庭生活的情形,原则上不属于夫妻双方"共同经营",所产生的债务一般由举债方自己承担。

二、夫妻个人债务的范围

夫妻一方所负债务不属于本条规定的夫妻共同债务的,属于夫妻个人债

务,实践中一般包括:

1. 夫妻一方与债权人明确约定为个人债务的。

2. 一方未经对方同意,擅自资助与其没有扶养义务关系的亲朋所负的债务。例如丈夫未经妻子同意,擅自借款用以资助其叔叔的孩子上大学,丈夫与其叔叔的孩子并无扶养义务关系,该债务为丈夫个人债务。

3. 超出家庭日常生活需要,并未用于夫妻共同生活、共同经营所负担的债务。

4. 夫妻一方在从事赌博、吸毒等违法犯罪活动中所负的债务。

5. 一方未经对方同意,独自筹资从事经营活动,其收入确未用于共同生活所负的债务。

6. 其他不符合夫妻共同债务条件的个人债务。例如一方在结婚登记之前所负债务,此债务为该方的个人债务。

第一千零六十五条 男女双方可以约定婚姻关系存续期间所得的财产以及婚前财产归各自所有、共同所有或者部分各自所有、部分共同所有。约定应当采用书面形式。没有约定或者约定不明确的,适用本法第一千零六十二条、第一千零六十三条的规定。

夫妻对婚姻关系存续期间所得的财产以及婚前财产的约定,对双方具有法律约束力。

夫妻对婚姻关系存续期间所得的财产约定归各自所有,夫或者妻一方对外所负的债务,相对人知道该约定的,以夫或者妻一方的个人财产清偿。

释 义

本条是关于夫妻约定财产制的规定。

随着社会的发展,夫妻财产日益增多,财产关系日趋复杂多样,人们的价值观念和婚姻家庭观念也发生了很大变化,个人权利意识和独立意识不断增强,约定财产制更能适应复杂多样的夫妻财产关系,更能适应现代社会丰富多样的生活方式,也更能体现当事人的真实意愿和个性化的需求。目前世界各国都愈来愈重视约定财产制的意义和作用。本条规定的夫妻约定财产制主要有以下几方面的内容：

一、夫妻之间财产约定的有效条件

（一）约定的主体须具有合法的夫妻身份，且双方须具有完全民事行为能力

不具有夫妻身份者（如未婚同居、婚外同居者）之间的财产约定不属于夫妻财产约定；夫妻双方应具有完全民事行为能力，一方无行为能力，或限制行为能力（如间歇性精神病患者在病发期间不具有行为能力的），不能约定。

（二）当事人必须自愿，意思表示真实

约定必须双方自愿，以欺诈、胁迫手段使对方在违背真实意愿的情况下作出的约定，对方有权依据《民法典》第148条、第149条、第150条的规定请求撤销。一方基于重大误解而作的约定，有权依据《民法典》第147条的规定请求撤销。

（三）约定的内容必须合法，不能损害国家、集体、他人的利益，不得违背公序良俗

例如，不得为逃避对第三人的债务，而将本属于夫妻双方共有的财产约定为一方个人；再如约定的财产范围不得超出夫妻财产的范围，不得将国家、集体或他人的财产列入约定财产的范围。

（四）约定应当采用书面形式

采用书面形式能够促使当事人谨慎约定，且内容确定，可以避免争议，发生纠纷时易于举证，同时利于将书面约定公开，以保护善意第三人的利益，维护交易安全。当然，如夫妻双方有口头约定，事后对约定没有争议的，该约定也有效。

二、约定的时间

约定的时间可以是婚前、结婚登记时，也可以是婚后。约定可以附条件和期限，但所附条件和期限不得违背国家法律和公序良俗的要求。婚前缔结的约定于结婚时或约定的其他时间发生效力，婚后缔结的约定于约定当时或约定的其他时间发生效力。

三、约定的内容

约定的财产范围包括夫妻婚前与婚姻关系存续期间的财产。夫妻可以仅就婚前财产或婚姻关系存续期间财产的归属作出约定,也可以就婚前财产以及婚姻关系存续期间的财产的归属均作出约定;可以是夫妻的全部财产,也可以是夫妻的部分财产;当事人对财产制度的选择,可以是共同财产制,也可以是分别财产制,还可以是部分共同、部分分别的财产制形式。既可以约定归共同所有或各自所有,也可以约定部分共同所有、部分各自所有。约定的内容必须符合法律及公序良俗,不得损及国家、集体和第三人的利益。

四、夫妻财产约定的效力

(一) 夫妻财产约定,对夫妻双方具有法律约束力

约定财产制与法定财产制二者可以同时并用,但前者的效力高于后者,即有约定从约定,无约定或约定无效的从法定。约定一经生效,对夫妻双方具有法律约束力。夫妻双方即应按约定的内容享受权利、承担义务。婚姻终止分割财产时,有约定的,按约定处理;约定不符合法定条件部分无效的,有效部分适用约定,全部无效的,适用法定财产制。

如夫妻一方或双方要求变更或撤销原约定,必须经双方协商同意,并采用法定形式予以变更或撤销。司法实践中,婚前或者婚姻关系存续期间,当事人约定将一方所有的房产赠与另一方,赠与方在赠与房产变更登记之前撤销赠与,另一方请求判令继续履行的,人民法院一般会支持撤销。但因撤销合同给对方带来的信赖利益的损失,赠与方应承担缔约过失责任。

(二) 夫妻财产约定,不得对抗善意第三人

夫妻财产约定是夫妻二人特定主体间的法律行为,为了维护交易安全,其效力不当然及于第三人。夫或者妻一方对外所负的债务,只有相对人(债权人)知道夫妻财产约定为个人所有的,以夫或者妻一方的个人财产清偿。

在夫妻一方对外发生债权债务关系时,如果相对人(债权人)明知该对夫妻适用分别财产制,且以夫妻之一方名义举债,则债务人仅为举债方,只能要求以该方的个人财产清偿;如果相对人(债权人)不知道其财产约定状况的,债务人举债如符合前述《民法典》第1064条规定的夫妻共同债务,则即使是以夫妻一方名义举债,即使夫妻真正约定适用分别财产制,对所欠之债均应以夫妻共同财产清偿。但此处"相对人知道该约定的",在司法实践中一般应由夫妻一方对此负有举证责任,即夫妻一方必须能够证明在发生债权债务关系时,相对人确已明确、清楚地知道其夫妻财产约定,才可以对抗相对人。如果夫妻一方不能证明"相对人明知",则财产约定对相对人不产生效力。例如,夫妻约定婚姻关系存续期间所得的财产归各自所有,丈夫向张三借款1万元,妻子将夫妻所得归各自所有的约定书拍照发给了张三,张三对财产约定知情,则丈夫所借张三的1万元债务由丈夫个人财产清偿。但如果妻子不能证明张三对夫妻财产约定知情,丈夫所借1万元是用于支付子女医疗费,属于夫妻共同债务,则该债务应由夫妻共同清偿,双方承担连带责任。

第一千零六十六条　婚姻关系存续期间,有下列情形之一的,夫妻一方可以向人民法院请求分割共同财产:

（一）一方有隐藏、转移、变卖、毁损、挥霍夫妻共同财产或者伪造夫妻共同债务等严重损害夫妻共同财产利益的行为;

（二）一方负有法定扶养义务的人患重大疾病需要医治,另一方不同意支付相关医疗费用。

释　义

本条是关于婚姻关系存续期间夫妻共同财产分割的规定。

一、婚姻关系存续期间分割共同财产的前提

依民法共同共有的原理,对于共同共有的财产,共同共有人在共有的基础丧失或者有重大理由需要分割时可以请求分割。《民法典》第303条规定:"共有人约定不得分割共有的不动产或者动产,以维持共有关系的,应当按照约定,但是共有人有重大理由需要分割的,可以请求分割;没有约定或者约定不明确的,按份共有人可以随时请求分割,共同共有人在共有的基础丧失或者有重大理由需要分割时可以请求分割。因分割造成其他共有人损害的,应当给予赔偿。"夫妻共同财产通常是在婚姻关系终止时才进行分割,但婚姻关系存续期间发生了特定情形,如夫或妻一方发生危害另一方财产利益等情形,另一方有权请求分割共同财产。

二、婚姻关系存续期间分割共同财产的特别情形

（一）一方有隐藏、转移、变卖、毁损、挥霍夫妻共同财产或者伪造夫妻共同债务等严重损害夫妻共同财产利益的行为

1.隐藏：是指私自将财产藏匿起来，不让另一方发现，使另一方无法获知财产所在、无法分割。

2.转移：是指私自将财产移到别处，或将资金转往其他账户，脱离另一方的控制。

3.变卖：是指私自将共同财产折价卖给他人。

4.毁损：是指采用打碎、摔烂、拆卸等破坏性手段使物品失去或部分失去原来具有的使用价值和交换价值。

5.挥霍：是指任意无度将夫妻共同财产消费掉。这些行为损害了对方财产权益。

6.伪造夫妻共同债务：是指制造内容虚假的债务凭证，包括虚假的合同、欠条等，以将共同财产据为己有。

上述行为严重损害夫妻共同财产利益，另一方有权在夫妻关系存续期间请求分割共同财产。

（二）一方负有法定扶养义务的人患重大疾病需要医治，另一方不同意支付相关医疗费用

这种情形，仅适用于一方负有法定扶养义务的人，包括父母、子女、符合法定扶养条件的祖父母外祖父母、孙子女外孙子女、符合法定扶养条件的兄弟姐妹。当他们患有重大疾病需要医治，而另一方不同意支付相关医疗费用时，一方有权在夫妻关系存续期间请求分割共同财产，以便用分割出的个人财产去支付医疗费用。这样规定，既能维护婚姻关系的稳定性，又能妥善保护当事人的财产利益。

第二节　父母子女关系和其他近亲属关系

第一千零六十七条　父母不履行抚养义务的，未成年子女或者不能独立生活的成年子女，有要求父母给付抚养费的权利。

成年子女不履行赡养义务的，缺乏劳动能力或者生活困难的

父母,有要求成年子女给付赡养费的权利。

释 义

本条是关于父母的抚养义务和子女的赡养义务的规定。

一、父母对子女的抚养义务

抚养子女指父母在物质上、经济上对子女的供养及在生活上对子女的照料,如负担子女的生活费、教育费、医疗费及其他必要的费用。这是父母对未成年子女或不能独立生活的成年子女所负义务的主要内容,也是子女健康成长的客观需要和物质保障。

一般情况下,父母的抚养义务从子女出生时起到子女成年时为止,父母对未成年子女的抚养义务是无条件的,除法律另有规定外(如将子女依法送养他人),该义务是不能免除的。即使父母离婚,任何一方也不能免除对未成年子女的抚养义务。对于能独立生活的成年子女父母并无抚养义务,但对于"不能独立生活的成年子女",父母仍应负担必要的抚育费。司法实践中,"不能独立生活的成年子女",主要指尚在校接受高中及其以下学历教育,或者丧失或未完全丧失劳动能力等非主观原因而无法维持正常生活的成年子女。当然,对于已经独立生活的成年子女,父母自愿给予经济、生活上的帮助的,法律也不禁止。

父母对子女的抚养义务是法定义务,当父母不履行抚养义务时,未成年的或不能独立生活的成年子女有权向父母追索抚养费,而已独立生活的子女则不再享有此项权利。抚养费一般包括:(1)生活费,即未成年子女在日常生活方面所必需的费用。(2)医疗费,即用于未成年子女在生病时医治的费用。(3)教育费,即未成年子女在接受文化教育方面的费用。

追索抚养费的要求,可向父母所在单位或有关部门提出,也可向人民法院提出。人民法院审理此类案件时,首先应进行调解,调解不成时,依法判决。在调解书和判决书中,要确定抚养费的数额、给付的期限和方法。必要时,人民法院可以裁定的方式责令义务人先行给付,以保障被抚养人的正常生活。如义务人拒不执行裁定,人民法院可依法予以强制执行。对拒绝抚养并且情节恶劣、遗弃未成年子女已构成犯罪的义务人,应依法追究其刑事责任。

二、子女对父母的赡养义务

子女对父母的赡养义务,是指成年子女为父母经济上供养、生活上照料和精神上慰藉的义务。在我国现阶段,赡养老人仍然是家庭的一项重要职能。子女对父母履行赡养扶助义务,是对家庭和社会应尽的责任。

我国《老年人权益保障法》规定了赡养义务的具体内容:(1)赡养人应当履行对老年人经济上供养、生活上照料和精神上慰藉的义务,照顾老年人的特殊需要。(2)赡养人应当使患病的老年人及时得到治疗和护理,对经济困难的老年人,应当提供医疗费用。(3)赡养人应当妥善安排老年人的住房,不得强迫老年人居住或者迁居条件低劣的房屋。老年人自有的或者承租的住房,子女或者其他亲属不得侵占,不得擅自改变产权关系或者租赁关系。老年人自有的住房,赡养人有维修的义务。(4)赡养人有义务耕种或委托他人耕种老年人承包的田地,照管或者委托他人照管老年人的林木和牲畜等,收益归老年人所有。

一切有经济能力的子女,对丧失劳动能力、无法维持生活的父母,都应予以赡养。对不在一起生活的父母,应根据父母的实际生活需要和子女的负担能力,给付一定的赡养费用。赡养费用一般不低于当地的普通生活水平。有两个以上子女的,可依据不同的经济条件,共同负担赡养费用。赡养人之间也可以就履行赡养义务签订协议,并征得老年人的同意。居民委员会、村民委员会或者赡养人所在组织监督协议的履行。

实践中,如果由于客观原因使父母没有履行或无力履行抚育子女的义务,子女成年后,仍应赡养父母。如果子女不履行赡养义务,需要赡养的父母有权向子女要求付给赡养费,也可以通过有关部门进行调解或者向人民法院提起诉讼。如果父母有负担能力,基于主观原因,对子女犯有故意杀害(未遂)、虐待罪、遗弃罪或者父亲奸污女儿罪,子女成年后,允许他们不赡养父母。但是,如果父母仅有虐待、遗弃子女行为,尚未构成犯罪的,或犯有其他罪行的,子女仍应尽赡养义务。当然,父母犯有特定罪行,而子女事后表示谅解,主动尽赡养义务的,法律也不禁止。

第一千零六十八条 父母有教育、保护未成年子女的权利和义务。未成年子女造成他人损害的,父母应当依法承担民事责任。

释　义

本条是关于父母教育、保护未成年子女的权利义务以及承担民事责任的规定。

一、父母对未成年子女有教育和保护的权利和义务

（一）父母对未成年子女有教育的权利和义务

父母作为子女的法定代理人和监护人,对子女有"教育、保护"的权利和义务。此处的"教育",是指父母在日常生活中对子女进行理想、道德、文化、纪律和法制方面的教导和培养,对子女加以必要的指导、管理和约束,使他们身心健康成长。根据我国《民法典·总则编》《未成年人保护法》《预防未成年人犯罪法》的规定,父母不仅在思想、品行上有教育未成年子女的义务,而且有义务提供条件使未成年子女接受正规的学校教育,完成九年义务教育。父母应当关注未成年人的生理、心理状况和行为习惯,以健康的思想、良好的品行和适当的方法教育和影响未成年人,引导未成年人进行有益身心健康的活动,预防和制止未成年人旷课、吸烟、酗酒、流浪、沉迷网络、打架、盗窃以及赌博吸毒卖淫等不良行为。可见,父母对未成年子女教育的权利和义务是未成年子女身心健康成长、预防青少年犯罪的基础。例如,实践中有些父母离异家庭的子女或者父母外出打工不在身边的"留守儿童"会出现一些不良行为,主要是父母未尽到教育义务的结果。因此,即使父母离婚,双方也都应尽到对子女教育的义务,即使外出打工的父母对"留守儿童"也应采取适当的方式尽到教育义务。

父母对未成年子女的教育应按照法律和道德规范的要求,针对未成年人的身心发育特点,采取适当的方式进行管理和教育。我国《反家庭暴力法》第12条明确规定:"未成年人的监护人应当以文明的方式进行家庭教育,依法履行监护和教育职责,不得实施家庭暴力。"父母实施家庭暴力,严重侵害未成年人合法权益的,人民法院可以依据《民法典》第36条的规定,根据未成年人的近亲属、居民委员会、村民委员会、县级人民政府民政部门等有关人员或单位的申请,撤销其监护人资格,另行指定监护人。但是,被撤销监护人资格的加害人,仍应继续负担相应的赡养、扶养、抚养费用。根据《反家庭暴力法》第

23 条的规定:"当事人因遭受家庭暴力或者面临家庭暴力的现实危险,向人民法院申请人身安全保护令的,人民法院应当受理。当事人是无民事行为能力人、限制民事行为能力人,或者因受到强制、威吓等原因无法申请人身安全保护令的,其近亲属、公安机关、妇女联合会、居民委员会、村民委员会、救助管理机构可以代为申请"。

(二) 父母对未成年子女有保护的权利和义务

此处的"保护",是指父母对未成年子女的人身权益和财产权益依法予以维护,预防、排除来自外部的各种侵害,并在子女利益受到侵害时请求救济的权利和义务。未成年子女是无民事行为能力人或限制民事行为能力人,他们缺乏对事物的理解能力和处理能力,根据《民法典·总则编》《民法典·婚姻家庭编》及《未成年人保护法》的有关规定,父母作为保护人,应当保护未成年子女的身心健康;不得虐待、遗弃未成年子女,为未成年子女提供住所;代理未成年人进行民事活动;管理好未成年子女的个人财产,除为了未成年子女的利益外,不得擅自处分属于未成年子女的财产;未成年子女利益受到不法侵害时,父母有权利也有义务以法定代理人的身份通过诉讼等途径请求救济,维护未成年子女的合法权益。当未成年子女被人拐骗、脱离家庭和监护人时,父母有权要求归还子女,并要求司法机关追究拐骗者的刑事责任。

二、父母应承担未成年子女侵权的民事责任

《民法典》第 1188 条规定:"无民事行为能力人、限制民事行为能力人造成他人损害的,由监护人承担侵权责任。监护人尽到监护职责的,可以减轻其侵权责任。有财产的无民事行为能力人、限制民事行为能力人造成他人损害的,从本人财产中支付赔偿费用;不足部分,由监护人赔偿。"因此,未成年人造成他人损害的,由其父母承担民事责任。父母尽了监护责任的,可以适当减轻其民事责任。如果未成年子女拥有自己的财产,其行为造成他人损害时,应先从其本人财产中支付赔偿费用;不足部分再由其父母负责赔偿。

在司法实践中,夫妻离婚后,未成年子女侵害他人权益的,同该子女共同生活的一方应当承担民事责任。侵权行为发生时行为人不满 18 周岁,在诉讼时已满 18 周岁,并有经济能力的,应承担民事责任;行为人没有经济能力的,应当由原监护人承担民事责任。行为人致人损害时年满 18 周岁的,应当由本人承担民事责任;没有经济收入的,由扶养人垫付;垫付有困难的,也可以判决

或者调解延期给付。应当指出的是,父母承担的责任以民事责任为限,刑事责任由未成年子女自己承担。例如,甲17周岁读高中时在学校打伤同学,一年后受害同学提起侵权损害赔偿的民事诉讼,此时甲已满18周岁,如甲自己有经济能力,则由甲承担民事赔偿责任,如甲没有经济能力,应由甲的父母承担民事赔偿责任。

第一千零六十九条 子女应当尊重父母的婚姻权利,不得干涉父母离婚、再婚以及婚后的生活。子女对父母的赡养义务,不因父母的婚姻关系变化而终止。

释 义

本条是关于子女应尊重父母婚姻权利的规定。

子女尊重父母的婚姻权利,一方面是子女在父母子女关系中的义务,是对父母合法婚姻权益的保护,另一方面也体现了《民法典·婚姻家庭编》婚姻自由的基本精神。

一、子女须尊重父母的婚姻权利

婚姻自由作为《民法典·婚姻家庭编》的首项基本原则,指的是婚姻当事人有权按照法律的规定,自主决定自己的婚姻问题,不受任何人的强制和干涉。父母有权自主决定是否离婚、是否再婚,这是他们的自由;只要是依法行使权利,子女均应当尊重。不得以任何理由或借口加以干涉,尤其不得因一己私利或世俗偏见阻挠干涉父母离婚、再婚。子女干涉父母婚姻,是破坏婚姻自由的违法行为,同时也有违保护老年人合法权益的原则。当前,我国老龄问题越来越成为一个重要的社会问题,干涉老年人婚姻的现象在一些地方时有发生。尤其是子女,因为传统观念的影响,或者出于财产利益上的考虑等,对父母再婚及婚后生活的干涉比较严重,有的子女甚至对再婚的父母不尽赡养义务。为更好地体现婚姻自由、保障老年人的权益的基本原则,本条规定,子女应当尊重父母的婚姻权利,不得干涉父母再婚以及婚后的生活;子女对父母的赡养义务,不因父母婚姻关系的变化而终止。

二、父母再婚后的婚姻关系须受法律保护

再婚后的父母一经登记结婚,其婚姻关系就得到了国家的认可,必然受到国家法律的保护,子女不得干涉父母再婚后的生活,例如子女不得干涉父母选择居所或者依法处分其个人财产的权利。

三、子女对父母的赡养义务不因父母的婚姻关系变化而终止

赡养父母是子女的法定义务,具有法律的强制性,无论父母婚姻状况发生了怎样的变化,子女对父母都有赡养的义务。子女对父母的赡养义务是无期限的,只要父母需要赡养,子女就应当履行这一义务。例如,母亲去世后,子女不得以父亲再婚为借口拒不履行赡养义务。

第一千零七十条 父母和子女有相互继承遗产的权利。

释 义

本条是关于父母子女相互继承权的规定。

一、父母和子女有相互继承遗产的权利

父母与子女之间有相互继承遗产的权利,即子女可以继承其父母的遗产,父母可以继承其子女的遗产。这种权利是以双方之间的身份为依据的。父母、子女都是被继承人的最近的直系血亲,他们之间有着极为密切的人身关系和财产关系,决定了他们之间的继承权。根据《民法典·继承编》的规定,父母、子女都是第一顺序的继承人。这里享有继承权的父母,包括生父母、养父母和有抚养关系的继父母;子女包括婚生子女、非婚生子女、养子女和有抚养关系的继子女。

子女之间对父母的继承权也是平等的,不论婚生子女、非婚生子女,都有平等的继承权。婚生子女与父母间的继承权,不因父母婚姻的变化而变化,即使父母离婚,他们之间也互有继承权。

二、胎儿的继承权

《民法典》第 16 条规定:"涉及遗产继承、接受赠与等胎儿利益保护的,胎

儿视为具有民事权利能力。但是,胎儿娩出时为死体的,其民事权利能力自始不存在。"《民法典》第 1155 条规定:"遗产分割时,应当保留胎儿的继承份额。胎儿娩出时是死体的,保留的份额按照法定继承办理。"因此,继承开始时,胎儿享有继承权,应按继承法规定,保留其继承份额,待其出生后该份额为其继承的财产。如娩出时是死体的,保留的份额则按照法定继承由其他继承人继承。例如胎儿的父亲甲在胎儿六个月大时去世,其继承人还有父、母、妻子三人,甲的遗产应分为四份,由父、母、妻子各继承四分之一,同时为胎儿保留四分之一,待胎儿出生后该保留的四分之一即为其继承的财产。如胎儿娩出时是死体的,保留的四分之一则按照法定继承由其他继承人继承,即由甲的父、母、妻子三人各继承该四分之一遗产的三分之一。

第一千零七十一条 非婚生子女享有与婚生子女同等的权利,任何组织或者个人不得加以危害和歧视。

不直接抚养非婚生子女的生父或者生母,应当负担未成年子女或者不能独立生活的成年子女的抚养费。

释 义

本条是关于非婚生子女权利的规定。

一、非婚生子女的概念

非婚生子女,是指没有婚姻关系的男女所生之子女。从生育的自然属性上讲,非婚生子女与婚生子女并无区别。从生育的社会属性上讲,非婚生子女是婚生子女的对称,是没有合法婚姻关系的父母所生的子女。

二、非婚生子女的法律地位

（一）非婚生子女享有与婚生子女同等的权利,任何组织或者个人不得加以危害和歧视

由于传统习俗对婚姻关系以外的性行为和生育行为的排斥,非婚生子女在历史上曾长期遭受歧视,地位远远低于婚生子女,人身权利和财产权利都得不到应有的保障。中华人民共和国成立后,我国就确定了非婚生子女与婚生

子女同等的法律地位,要求非婚生子女的生父母履行对非婚生子女的抚养教育义务。1950年《婚姻法》第15条第1款、第2款规定:"非婚生子女享受与婚生子女同等的权利,任何人不得加以危害或歧视。非婚生子女经生母或其他人证物证证明其生父者,其生父应负担子女必需的生活费和教育费全部或一部;直至子女十八岁为止。如经生母同意,生父可将子女领回抚养。"2001年《婚姻法》重申了这一精神,明确规定:"非婚生子女享有与婚生子女同等的权利,任何人不得加以危害和歧视。不直接抚养非婚生子女的生父或生母,应当负担子女的生活费和教育费,直至子女能独立生活为止。"

本条第1款重申了2001年《婚姻法》的规定,非婚生子女享有与婚生子女同等的被抚养教育和保护的权利、同等的继承权,任何组织或个人不得加以危害和歧视。

（二）不直接抚养非婚生子女的生父或者生母,应当负担未成年子女或者不能独立生活的成年子女的抚养费

在多数情况下,非婚生子女的父母因没有合法婚姻关系而没有共同生活,非婚生子女只与生母或生父共同生活,由一方直接抚养。因此不直接抚养子女的生父或生母一方的抚养义务主要表现就是负担未成年子女或者不能独立生活的成年子女的抚养费。如生父或生母一方不履行抚养义务的,未成年子女或者不能独立生活的成年子女,有权依《民法典》第1067条的规定,要求父母给付抚养费。例如,未成年的非婚生子女与生母共同生活,有权要求生父给付抚养费;同样未成年的非婚生子女与生父共同生活,有权要求生母给付抚养费。

第一千零七十二条 继父母与继子女间,不得虐待或者歧视。

继父或者继母和受其抚养教育的继子女间的权利义务关系,适用本法关于父母子女关系的规定。

释 义

本条是关于继父母与继子女间权利义务关系的规定。

一、继父母子女关系的类型

配偶一方对他方与前配偶所生的子女,称继子女。子女对母亲或父亲的再婚配偶,称继父或继母,俗称后父或后母。继父母和继子女关系,是由于生父母一方死亡,另一方带子女再婚;或父母离婚后,另行结婚而形成的。

继父母子女关系的类型有三种类型:

(一) 继父母与继子女之间没有形成抚养关系

即生父(母)与继母(父)再婚时,继子女已成年并独立生活,或者继子女未成年但未与继父母共同生活,没有形成抚养关系,此类继父母子女关系为纯粹的直系姻亲关系。

(二) 继父母与继子女之间形成抚养关系

即生父(母)与继母(父)再婚时,继子女尚未成年,他们随生父母一方与继父或继母共同生活时,继父或继母对其承担了部分或全部生活教育费,或者成年继子女在事实上对继父母长期进行了赡养扶助,亦视为形成了抚育关系。此类继子女与生父母、继父母之间形成双重权利义务关系。

(三) 继父(母)收养继子(女)

即继父或继母经继子女生父母同意,已正式收养该子女为其养子女,这时继父母子女关系变为养父母子女关系。同时,该子女与共同生活的生母(父)一方仍为直系血亲关系,而与不在一起共同生活的生父(母)间的权利义务随之消灭。

二、继父母与继子女间的权利义务关系

(一) 继父母与继子女间,不得虐待或歧视

无论继父母与继子女间是否形成抚养关系,都不得虐待或歧视。实践中存在继父或继母虐待或歧视继子女的情形,严重侵害未成年人权益,应承担法律责任。

(二) 继父或者继母和受其抚养教育的继子女间的权利义务关系,适用本法关于父母子女关系的规定

不是所有的继父母与继子女之间的权利义务都等同于本法规定的关于父母子女之间的权利义务。只有继父或继母承担了对未成年继子女的抚养教育责任,继子女是在继父母的教养下成长的,他们之间具有抚养关系,双方才形

成法律上的父母子女关系,继子女在成年后,应当赡养继父母,继父母子女之间可以相互继承遗产。现实生活中存在生父或生母再婚,继父或继母对未成年继子女进行了抚养教育,同时该子女的生父或生母也对其尽了抚养义务,这种情况下,该子女与生父母和继父母都发生权利义务关系,即子女成年后对父母的赡养义务、与父母间的继承权都是双重的,既应赡养生父母也应赡养继父母,既有权继承生父母遗产,也有权继承继父母遗产。例如,甲 8 岁时父母离婚,甲随父亲与继母共同生活,继母和父亲共同抚养甲,同时,甲的生母也按时支付抚养费。如此,甲既与生父母有父母子女法律关系,又与继母产生母子之间的权利义务关系;这就意味着,甲成年后既对生父母有赡养义务,又对继母有赡养义务,既与生父母有相互继承遗产的权利,也与继母有相互继承遗产的权利。

在未成年继子女是由生父母一方或双方承担其抚养费和教育费,而不是由继父或继母负担的情况下,继父母与继子女不形成抚养关系,继父母子女之间不发生权利义务关系。当继子女在父或母再婚时已经成年并独立生活的,该子女与继父或继母不发生权利义务关系。

第一千零七十三条 对亲子关系有异议且有正当理由的,父或者母可以向人民法院提起诉讼,请求确认或者否认亲子关系。

对亲子关系有异议且有正当理由的,成年子女可以向人民法院提起诉讼,请求确认亲子关系。

释 义

本条是关于亲子关系确认与否认之诉的规定。

在人口流动频繁、离婚率上升、人们的婚姻家庭观念急剧变化的今天,司法实务中亲子关系确认之诉和否认之诉日渐增多。所谓"亲子关系的确认",是指法律上父母与子女关系的确定,它是父母子女间权利义务关系发生的前提。亲子关系一般因出生基于血缘关系而产生,不因生父母未登记结婚或婚姻效力的瑕疵而受影响。虽然《民法典》第 1071 条规定,"非婚生子女享有与婚生子女同等的权利",但在非婚生子女和生父母的亲子关系中,有时生父或生母身份难以确认或主观上不承认亲子关系的存在,使得非婚生子女的权利难以实现,这就需要通过法定程序确认亲子关系。而在婚生子女和父母的亲子关系中,有的母亲是和丈夫之外的男性生育了子女,则丈夫作为法律推定的父亲享有否认婚生子女为自己亲生子女的请求,因此亲子关系的否认制度,可以保护当事人合法权益及子女权益,避免应尽义务的生父逃脱抚养责任。

一、亲子关系的确认之诉

现实生活中,如果亲子关系不明确,就会导致父母子女间的权利义务难以实现,因此法律赋予权利人可以通过诉讼请求确认亲子关系。

(一) 亲子关系确认诉讼的情形

亲子关系确认诉讼的情形,是"对亲子关系有异议且有正当理由",即父、母或成年子女对于父亲或母亲身份有异议,如非婚生子女的生父请求确认自己是法律上的父亲身份,或生父不愿承认亲子关系而生母要求确认生父的父亲身份,或者在人工生殖的场合,母亲请求确认自己是法律上的母亲身份,抑或成年子女请求确认父亲、母亲身份等。

有"正当理由",是指有符合公序良俗、家庭伦理和社会价值取向的理由,如为了更好抚养未成年子女。行使亲子关系确认诉讼请求权时,应提供基本证据,如:生母在受胎期内有与生父同居或被其强奸、诱奸的事实或证据;由生父所写的文字材料可证明其为生父,如生父的情书、日记、劝告堕胎的信件等。人民法院在必要时,可以委托专门的鉴定部门进行亲子鉴定。

(二) 亲子关系确认之诉的请求权人

有权提起亲子关系确认诉讼的人有三类:

1. 父亲。生父有权提起亲子关系确认诉讼,以确认非婚生子女的父亲身份,以取得子女的抚养权。此外,父亲也可以提起亲子关系确认诉讼,确认抛弃子女等情形下的母亲的身份,使其履行抚养子女的义务。

2. 母亲。母亲有权提起亲子关系确认诉讼,以确认非婚生子女的父亲的身份,使其履行抚养子女的义务。此外,在采取人工生殖技术生育子女可能涉及多个"母亲"的情形下,母亲也可以提起亲子关系确认诉讼,确认自己作为母亲的身份,以取得子女的抚养权。

3. 成年子女。成年子女在离家与父母失散多年等情形下,为确认父母可提起亲子关系确认之诉。成年子女在确认与父母的亲子关系后,依法履行赡养义务,与父母有相互继承权。

二、亲子关系的否认之诉

亲子关系的否认是指对亲子关系有异议且有正当理由的,父或者母可以向人民法院提起诉讼,请求否认自己的父母身份,否认父母子女关系。传统上父母子女关系一般是基于父母的婚姻关系及子女的出生作出婚生子女的法律推定,但这种推定并未解决该子女是否真的为婚生子女。由于婚外性行为的客观存在,生活中确有被推定为婚生的子女实为其母与婚外第三人所生。为了保障当事人与子女的合法权益,维护婚姻的尊严与神圣,防止应承担抚养义务的生父逃脱责任,本条在规定了亲子关系确认之诉的同时,也规定了亲子关系的否认之诉。

(一) 亲子关系否认诉讼的情形

本条规定亲子关系否认诉讼的情形,是"对亲子关系有异议且有正当理由",例如通常法律推定生母的丈夫为孩子的父亲,但该父亲得知孩子是母亲与第三者所生,因此其有权请求否认自己的父亲身份,否认亲子关系。此外,在此种情形下,母亲也有权利提出亲子关系否认之诉,否认丈夫的父亲身份。当然,在利用人工生殖技术生育的场合,亦存在否认母亲身份的可能。虽然当事人有权提起亲子关系否认的诉讼,但法律并不倡导当事人滥诉,因此规定了条件"对亲子关系有异议且有正当理由"。

有"正当理由"的标准,亦是指有符合公序良俗、家庭伦理和社会价值取向的理由,如为了更好抚养未成年子女、使真正的抚养义务人履行义务等。实践中,一般提出婚生子女亲子关系否认的基本证据是证明妻在受胎期间未与其夫同居,或者证明妻受胎与其夫无关。如在妻受胎期间,夫在外地生活工作、生病住院、在监狱服刑等,以及夫有生理缺陷等原因不能生育或者经亲子鉴定证明父子(女)无血缘关系等。

(二) 亲子关系否认之诉的请求权人

亲子关系否认诉讼请求权人仅包括父亲或母亲。与亲子关系的确认不同的是,亲子关系否认诉讼请求权人不包括成年子女,这是因为,被父母抚养长大的成年子女如有否认亲子关系请求权,则成年子女可能会逃避赡养父母的义务,这不利于老年人权益的保护。法律须平衡血缘关系与事实养育二者的轻重,事实养育对未成年子女的成长、对社会的贡献应受法律的确认和保护,基于事实养育产生的亲子权利义务关系不能仅因无血缘关系而被否认。因此,被父母抚养长大的成年子女即使与父母没有血缘关系,也没有权利请求否认亲子关系。

三、亲子关系确认与否认之诉中的亲子鉴定

由于亲子鉴定技术简便易行,准确率高,亲子关系确认与否认的诉讼中,必要时会运用"亲子鉴定"的技术手段来确定亲子血缘关系是否存在。而有时会出现一方当事人要求作亲子鉴定,而对方拒绝的情形。司法实践中,如一方提供了必要证据,能够证明当事人之间可能存在或不存在亲子关系,另一方没有相反的证据又拒绝亲子鉴定的,人民法院一般推定请求确认亲子关系一方或请求否认亲子关系一方的主张成立。这里的必要证据,例如一方曾以父、母身份的签字、载有父母子女关系的出生医学证明、一方曾承认亲子关系的信息、男女双方在特定时段有或没有同居生活等证据,能够形成合理的证据链条,足以使法院分配举证责任转由拒绝亲子鉴定一方承担,拒绝参加亲子鉴定一方如无证据推翻请求方的主张,则推定请求方的主张成立。

第一千零七十四条　有负担能力的祖父母、外祖父母,对于父母已经死亡或者父母无力抚养的未成年孙子女、外孙子女,有抚养的义务。

有负担能力的孙子女、外孙子女,对于子女已经死亡或者子女无力赡养的祖父母、外祖父母,有赡养的义务。

释　义

本条是关于祖孙之间抚养、赡养义务的规定。

一、祖孙关系的概念与功能

祖孙关系包括祖父母与孙子女、外祖父母与外孙子女两类,属于一种隔代亲属关系。从产生原因来归类,祖孙关系可被分为自然血亲的祖孙关系和拟制血亲的养祖孙关系两种。

随着社会的变迁,虽然家庭结构越来越明显的向以夫妻关系和父母子女关系为中心的核心家庭过渡,但从我国家庭类型的实际来看,主干家庭的模式

仍具有一定的社会基础,同居一家生活的祖孙关系在我国特别是农村地区还比较普遍。此外,人口寿命的延长和孩子出生数量的减少扩大了家庭、亲属体系中的纵向关系,现阶段我国的家庭依然承担着养老育幼的功能。父母子女或夫妻之间因某些客观原因不能或无力履行扶养责任时,需要由祖孙、兄弟姐妹等关系密切的近亲属承担扶养义务,以确保家庭中的老人、儿童受扶养的权利。

二、祖父母、外祖父母抚养孙子女、外孙子女的法定条件

(一) 孙子女、外孙子女的父母死亡或父母无力抚养

死亡包括自然死亡和依法被宣告死亡。父母死亡的直接后果是子女居于第一顺序的抚养义务主体消灭。但是,如果是父母一方死亡,则生存一方仍应承担抚养子女的义务。父母无力抚养是指父母不能以自己的收入满足未成年子女(包括亲生子女、养子女及形成抚养关系的继子女,下同)合理的生活费、教育费和医疗费的需要。父母因身体疾病的原因不能抚养子女的,视为无力抚养。

(二) 祖父母、外祖父母有负担能力

这里的负担能力是指祖父母、外祖父母既具备一定的经济条件,又具备一定的监护能力。只有在祖父母、外祖父母本身具备负担能力时,才有可能对未成年孙子女、外孙子女承担抚养义务,也才能保证未成年孙子女、外孙子女的健康成长。如果祖父母、外祖父母自身尚缺乏经济来源或因年迈、疾病等原因无抚养能力的,则祖父母、外祖父母也不存在对未成年孙子女、外孙子女的抚养义务。

(三) 孙子女、外孙子女必须是未成年人

根据我国《民法典·总则编》的规定,未成年人是指18周岁以下的人;已满16周岁不满18周岁的未成年人,如果能以自己的劳动收入为主要生活来源的,并且其收入能维持当地群众一般生活水平的,视为完全民事行为能力人。也就是说,对于以劳动收入为主要生活来源的16周岁以上的未成年人,其祖父母、外祖父母的抚养义务是可以免除的。

在以上三个条件同时具备的情况下,祖父母、外祖父母就须承担抚养孙子女、外孙子女的义务。适用此条规定时,并不以祖孙间是否同居一家、共同生活为限。如果祖父母、外祖父母均有负担能力,应将他们视为同一顺序的抚养义务人,由他们共同承担抚养义务。抚养费的负担与给付由祖父母、外祖父母

协商确定,协议不成时,由人民法院判决。

三、孙子女、外孙子女赡养祖父母、外祖父母的法定条件

(一) 祖父母、外祖父母的子女死亡或子女无赡养能力

祖父母、外祖父母的子女已经死亡(包括自然死亡或依法被宣告死亡),无法再对自己的父母履行赡养义务;这里的"子女死亡"是指所有子女均已死亡。"子女无力抚养"则是指祖父母、外祖父母的子女虽然生存,但由于无经济来源或受身体原因所限,没有赡养父母的能力或不具备赡养父母的条件。如果祖父母、外祖父母有多个子女,一个子女的死亡并不免除其他子女的赡养义务,其他有赡养能力的子女应承担对父母的赡养义务。这时的孙子女、外孙子女不必承担赡养祖父母、外祖父母的义务。例如,甲的父亲已经去世,其祖母需要赡养,祖母没有其他子女,如甲有负担能力,即甲负有赡养其祖母的义务。如其祖母尚有其他两名子女,该两名子女亦有赡养能力,则祖母需由该两名子女赡养,即甲不必承担赡养祖母的义务。

(二) 孙子女、外孙子女有负担能力

这里的"负担能力"应理解为孙子女、外孙子女是完全行为能力人且有能够维持其生活和赡养祖父母、外祖父母的经济收入。如果孙子女、外孙子女中数人均有负担能力,应根据他们的经济条件共同负担赡养义务。

当以上条件具备时,孙子女、外孙子女须对祖父母、外祖父母承担赡养义务。孙子女、外孙子女不得以祖父母、外祖父母未曾抚养过自己为由,拒绝承担赡养义务。至于在不具备上述条件的情形下,祖孙之间自愿照料对方生活的,法律并不干涉。

本条关于祖孙之间抚养、赡养的规定,彰显了养老育幼的家庭美德。同时,为了确保没有赡养义务人的老年人的合法权益,我国《老年人权益保障法》第31条第2款还规定,对于无劳动能力、无生活来源、无赡养人和扶养人,或者其赡养人和扶养人确无赡养能力或者扶养能力的老年人,由地方各级人民政府依照有关规定给予供养或者救助。这一规定,无疑更体现了国家对老年人的关怀与保障。

第一千零七十五条 有负担能力的兄、姐,对于父母已经死亡或者父母无力抚养的未成年弟、妹,有扶养的义务。

由兄、姐扶养长大的有负担能力的弟、妹,对于缺乏劳动能力
又缺乏生活来源的兄、姐,有扶养的义务。

释 义

本条是关于兄弟姐妹间扶养义务的规定。

一、兄弟姐妹关系的界定

兄弟姐妹是血缘关系中最近的旁系血亲,它包括自然血亲的兄弟姐妹和拟制血亲的兄弟姐妹。兄弟姐妹关系是指法律规定的兄弟姐妹之间的权利义务关系。一般情况下,在子女未成年时,均由他们的父母履行抚养义务,兄弟姐妹间通常不存在扶养的权利与义务。只有在特定情形下,他们之间才会产生特定的扶养权利义务关系,本条即规定了这种有条件的扶养义务。

二、兄、姐扶养弟、妹的法定条件

为了弥补父母对未成年子女抚养不能的缺憾,切实保护未成年人的合法权益,我国法律规定在符合下列条件时,兄、姐应当承担对弟、妹的扶养义务:

(一) 父母已经死亡或父母无力抚养

父母死亡是指父母自然死亡或依法被宣告死亡。如果仅是父母一方死亡,生存一方则仍应承担抚养子女的义务。父母无力抚养是指父母自己的收入无法满足未成年子女的生活、教育及医疗所需。父母如因身体疾病的原因不能抚养子女的,视为无力抚养。

(二) 兄、姐有负担能力

这里的"负担能力"是指兄、姐属于完全行为能力人,无论从身体方面还是经济方面都具备扶养弟、妹的条件,能够承担对弟、妹的监护义务。

(三) 弟、妹尚未成年

接受兄、姐扶养的弟、妹须是未满18周岁、没有独立生活能力的未成年人。如果弟、妹已年满16周岁,且能够以自己的劳动收入维持当地群众一般生活水平的,则兄、姐不再承担对弟、妹的扶养义务。如果弟、妹已经成年,但因疾病、上学等原因缺乏生活来源,而兄、姐主动帮助、照料弟、妹生活的,应予鼓励和支持。例如,甲10岁时父母双亡,其兄22岁,已工作有负担能力,此时

甲兄有义务扶养甲。甲满18岁后,其兄已无扶养义务,但因甲仍在上学其兄仍为其支付学费、生活费等费用,属于自愿扶养,应予以鼓励和支持。

三、弟、妹扶养兄、姐的法定条件

(一) 兄、姐是既缺乏劳动能力又缺乏生活来源之人

兄、姐如果能以自己的财产维持其基本生活的,法律不要求弟、妹承担扶养责任;如果兄、姐有劳动能力且其劳动收入能够维持基本生活的,亦不需弟、妹承担扶养义务。所谓"缺乏劳动能力"是指兄、姐因年老体弱不能从事劳动或因严重疾病,丧失劳动能力;所谓"缺乏生活来源"是指兄、姐没有第一顺位的扶养义务人,即兄、姐属于没有配偶、没有父母、没有成年子女的孤独无依者;或是兄、姐虽然有第一顺位的扶养义务人,但其第一顺位的扶养义务人丧失了扶养能力。

(二) 弟、妹是由兄、姐扶养长大

在父母死亡或虽未死亡但没有抚养能力的情况下,兄、姐扶养未成年弟、妹长大成人的,从权利义务相一致原则出发,当兄、姐既缺乏劳动能力又缺乏生活来源时,则由弟、妹承担扶养兄、姐的义务。如果弟、妹是由父母或祖父母、外祖父母抚养成人,则弟、妹没有扶养兄、姐的义务。当然,如果弟、妹自愿照顾兄、姐生活的,则应予以支持和鼓励。

(三) 弟、妹有负担能力

首先,弟、妹必须是完全行为能力人;其次,弟、妹有经济来源;最后,弟、妹身体状况允许其扶养兄、姐。如果弟、妹是丧失劳动能力之人,则法律不要求他们承担此项义务。

当以上三个条件同时具备时,弟、妹应当承担扶养兄、姐的义务。在适用这一法律规定时,并不以兄、姐与弟、妹是否同居一家、共同生活为限。例如,甲10岁时父母双亡,由其兄扶养长大,后其兄因病瘫痪,丧失劳动能力又缺乏生活来源,甲已成年有负担能力,甲有义务扶养其兄。

第四章　离　婚

本章导言 ▶

　　本章离婚制度,主要规定了登记离婚与诉讼离婚两种离婚途径的条件与程序,规定了离婚的法律效力,包括对当事人人身、财产上的效力,规定了离婚对父母子女的法律后果;尤其规定了离婚财产分割、离婚债务承担等实践中争议较大的问题解决规则,规定了离婚时的经济帮助、对家务劳动尽较多义务一方的经济补偿、离婚过错损害赔偿等制度。

　　本章在原《婚姻法》的基础上,作了进一步完善:一是增加离婚冷静期制度,以利于婚姻家庭的稳定。二是针对离婚诉讼中出现的"久调不判"问题,增加规定,经人民法院判决不准离婚后,双方又分居满一年,一方再次提起离婚诉讼的,应当准予离婚。三是关于离婚后哺乳期子女的抚养,修改为"离婚后,不满两周岁的子女,以由母亲直接抚养为原则",以增强可操作性。四是将夫妻采用法定共同财产制的,纳入适用离婚经济补偿的范围,以加强对家庭负担较多义务一方权益的保护。五是将"有其他重大过错"增加规定为离婚损害赔偿的适用情形。本章内容的完善,对于正确处理离婚纠纷,确保离婚当事人的权益,巩固社会主义的婚姻家庭制度,具有重要的意义。

　　第一千零七十六条　夫妻双方自愿离婚的,应当签订书面离婚协议,并亲自到婚姻登记机关申请离婚登记。

　　离婚协议应当载明双方自愿离婚的意思表示和对子女抚养、财产以及债务处理等事项协商一致的意见。

释　义

　　本条是关于登记离婚的规定。

离婚是指夫妻双方在生存期间依照法定的条件和程序解除婚姻关系的法律行为。本编规定了登记离婚和诉讼离婚两种法定程序。登记离婚,又称自愿离婚、协议离婚,是指婚姻关系当事人自愿达成离婚合意并通过婚姻登记程序解除婚姻关系的法律制度。本条规定的是登记离婚的条件。

一、登记离婚的条件

双方登记离婚的,应符合以下条件:

1. 当事人须为夫妻本人。离婚是解除夫妻身份关系的法律行为,离婚的意思表示只能由本人表示,他人不得代理,双方必须亲自到婚姻登记机关申请离婚登记。

2. 夫妻双方须完全自愿。夫妻双方须自愿达成离婚合意才能登记离婚,如一方不同意离婚,另一方只能到法院提出离婚诉讼,由法院判决是否准予离婚。任何一方都不得采取欺诈、胁迫等非法手段使对方违背自己的意愿登记离婚。

3. 双方当事人对子女和财产问题达成协议。协议的内容包括离婚后子女随哪一方生活,子女的抚养费、教育费如何负担,夫妻共同财产如何分割,共同债务如何清偿,以及离婚后一方是否需要另一方给予经济帮助或经济补偿等。协议内容必须符合有关法律规定。

二、申请登记离婚的程序

根据我国《婚姻登记条例》第 10 条、第 11 条的规定,凡男女双方自愿离婚的,应共同到一方当事人常住户口所在地的婚姻登记机关办理离婚登记。办理时应当持本人户口簿、身份证,本人的结婚证,双方当事人共同签署的离婚协议书。离婚协议书应当载明双方当事人自愿离婚的意思表示以及对子女抚养、财产及债务处理等事项协商一致的意见。

　　第一千零七十七条　自婚姻登记机关收到离婚登记申请之日起三十日内,任何一方不愿意离婚的,可以向婚姻登记机关撤回离婚登记申请。

　　前款规定期限届满后三十日内,双方应当亲自到婚姻登记机关申请发给离婚证;未申请的,视为撤回离婚登记申请。

释　义

本条是关于登记离婚冷静期的规定。

近年来,我国离婚率不断攀升,据民政部数据显示,2019 年我国登记离婚达 415.4 万对,其中不乏闪婚闪离、冲动离婚现象。本条规定的离婚冷静期制度,主要目的在于能够给予当事人更多冷静的时间,避免当事人轻率、冲动离婚。离婚冷静期能够更好地调节婚姻危机,让人们有一段时间去冷静思考,慎重地对待婚姻关系,维护家庭稳定。

一、登记离婚冷静期的起始及期限

夫妻双方自愿前往婚姻登记机关办理离婚登记申请的,婚姻登记机关不会立即发给离婚证,应等待离婚冷静期届满。离婚冷静期的起始时间是婚姻登记机关收到离婚登记申请之日起,冷静期限为三十日。

在冷静期内,提出离婚登记申请的任何一方不愿意登记离婚的,可以向婚姻登记机关撤回离婚登记申请。依《民法典》第 1076 条的规定,登记离婚是双方自愿离婚的行政程序,实践中有时夫妻双方因一时冲动、赌气,协议申请登记离婚,但有时短期内双方感情就会和好,不愿离婚;或虽未和好,但对财产分配、子女抚养问题的协议反悔,欲诉讼离婚。因此在三十日冷静期内,任何一方撤回离婚登记申请,婚姻登记机关就不发给离婚证。

二、登记离婚冷静期届满的效力

三十日届满后,如果夫妻双方均未撤回离婚登记申请,婚姻登记机关仍然不会直接发离婚证,而是需要双方在三十日冷静期届满后的三十日内再亲自到婚姻登记机关申请发证,婚姻登记机关才会予以离婚登记发给离婚证。只要任何一方未在该期间内亲自前往民政局申请发给离婚证,民政局就不会发离婚证。

冷静期届满后三十日内双方未到婚姻登记机关申请离婚登记的,视为撤回离婚登记申请,婚姻登记机关不发离婚证,双方就无法协议离婚,双方达成的以登记离婚为条件的离婚协议不会生效。

第一千零七十八条　婚姻登记机关查明双方确实是自愿离婚,并已经对子女抚养、财产以及债务处理等事项协商一致的,予以登记,发给离婚证。

释　义

本条是关于登记离婚审查与登记的规定。

一、婚姻登记机关的离婚审查程序

离婚冷静期届满后的三十日内,双方亲自到婚姻登记机关申请发给离婚证的,根据我国《婚姻登记条例》第 13 条的规定,婚姻登记机关对当事人的离婚申请应进行认真的审查,并询问相关情况。审查当事人是否符合登记离婚的条件:查明双方确实是自愿离婚;当事人的证件和证明材料是否齐全、真实;离婚协议书的内容有无虚假、欺骗情况;当事人对子女抚养、财产及债务等问题达成的协议是否合法有效。有不恰当之处,应当根据法律的规定帮助当事人重新调整;达不成一致意见的,告知当事人到人民法院按诉讼离婚方式解除婚姻关系。

二、婚姻登记机关的离婚登记程序

婚姻登记机关经过审查和询问相关情况后,对登记离婚冷静期届满当事人确属自愿离婚,并已对子女抚养、财产及债务等问题达成一致处理意见的,应当当场予以登记,发给离婚证。对于不符合本法和婚姻登记条例规定的,登记机关不予登记,并向当事人说明理由。根据我国《婚姻登记条例》第 12 条的规定:"办理离婚登记的当事人有下列情形之一的,婚姻登记机关不予受理:(一)未达成离婚协议的;(二)属于无民事行为能力人或者限制民事行为能力人的;(三)其结婚登记不是在中国内地办理的。"

对于结婚证、离婚证遗失或者毁损的,当事人可以持户口簿、身份证向原办理婚姻登记的机关或者一方当事人常住户口所在地的婚姻登记机关申请补领。婚姻登记机关对当事人的婚姻登记档案进行查证,确认属实的,应当为当事人补发结婚证、离婚证。

第一千零七十九条 夫妻一方要求离婚的,可以由有关组织进行调解或者直接向人民法院提起离婚诉讼。

人民法院审理离婚案件,应当进行调解;如果感情确已破裂,调解无效的,应当准予离婚。

有下列情形之一,调解无效的,应当准予离婚:

(一)重婚或者与他人同居;

(二)实施家庭暴力或者虐待、遗弃家庭成员;

(三)有赌博、吸毒等恶习屡教不改;

(四)因感情不和分居满二年;

(五)其他导致夫妻感情破裂的情形。

一方被宣告失踪,另一方提起离婚诉讼的,应当准予离婚。

经人民法院判决不准离婚后,双方又分居满一年,一方再次提起离婚诉讼的,应当准予离婚。

释 义

本条是关于诉讼离婚的规定。

一、诉讼离婚的概念

诉讼离婚是指夫妻一方基于法定离婚原因,向人民法院提起离婚诉讼,人民法院依法通过调解或判决而解除夫妻间婚姻关系的离婚制度。

我国的诉讼离婚适用于以下三类离婚纠纷:第一,夫妻一方要求离婚,另一方不同意的;第二,夫妻双方都自愿离婚但对子女抚养、财产处理等问题没有达成协议的;第三,未依法办理结婚登记而以夫妻名义共同生活且为法律承认的事实婚姻,要求离婚的。

与登记离婚相比,诉讼离婚是对有争议的离婚纠纷进行裁决,当事人提出离婚的请求和原因,法院通过行使审判权来解决其争端。诉讼离婚程序属于合并之诉,不仅要解决是否准予离婚的问题,还要一并解决离婚带来的一系列法律后果,如夫妻财产的分割、子女抚养、探望权的行使、债务的清偿、经济帮助、经济补偿、离婚损害赔偿等。

二、离婚的诉讼外调解

对于离婚纠纷,既可以在诉讼前由有关部门进行调解,也可以不经调解直接向人民法院提起离婚诉讼。

诉讼外的调解,也称诉前调解或行政调解,是指男女一方要求离婚的,可以先经有关部门进行调解的程序。所谓有关部门,包括当事人所在单位、群众团体、人民调解委员会和婚姻登记机关等。调解时,既可以由一个部门进行调解,也可以由几个部门联合进行调解。诉讼外调解不伤或少伤和气,便于当事人接受,当地有关部门对纠纷情况也比较了解,容易抓住矛盾重点进行说服教育和疏导工作,劝导夫妻和好,大量的纠纷解决在基层,不必经过诉讼程序,减少了人民法院的诉讼案件,减轻了人民法院的工作负担。

诉讼外的调解不具有法律的强制性,不是离婚诉讼的必经程序,当事人也可以不经过这一阶段而直接向人民法院起诉。诉讼外的调解一般会出现三种不同结果:(1)调解和好,继续保持婚姻关系。(2)经过调解,双方达成离婚协议,并就子女抚养、财产处理等问题达成一致意见,到婚姻登记机关办理离婚登记。(3)调解无效,一方坚持要求离婚,另一方不同意或者双方虽然都同意离婚,但对子女抚养、财产处理等问题仍存在争议,婚姻当事人一方应当向人民法院提起离婚诉讼,由人民法院进行审理。

三、离婚的诉讼程序

根据《民法典》和《民事诉讼法》的有关规定,离婚的诉讼程序包括提起离婚诉讼、调解和判决三个阶段。

(一) 提起离婚诉讼

离婚诉讼由夫妻中提出离婚的一方为原告向人民法院提起。离婚案件一般由被告住所地人民法院管辖,被告住所地与经常居住地不一致的,由经常居住地人民法院管辖。《民事诉讼法》第 22 条规定:"下列民事诉讼,由原告住所地人民法院管辖;原告住所地与经常居住地不一致的,由原告经常居住地人民法院管辖:(一)对不在中华人民共和国领域内居住的人提起的有关身份关系的诉讼;(二)对下落不明或者宣告失踪的人提起的有关身份关系的诉讼;(三)对被采取强制性教育措施的人提起的诉讼;(四)对被监禁的人提起的诉讼。"此外,对于夫妻一方离开住所地超过一年的,另一方起诉离婚的案件,可以由原告住所地人民法院管辖。夫妻双方离开住所地超过一年,一方起诉离婚的案件,由被告经常居住地人民法院管辖;没有经常居住地的,由原告起诉时被告居住地的人民法院管辖。非军人对军人提出的离婚诉讼,如果军人一方为非文职军人,由原告住所地人民法院管辖。离婚诉讼双方当事人都是军人的,由被告住所地或者被告所在的团级以上单位驻地的人民法院管辖。

通常情况下,任何婚姻关系以外的第三人,包括当事人的父母等近亲属,均无权替代婚姻当事人请求离婚。但司法实践中在特殊情况下,为保护被监护人的权益,监护人可以依法代理无民事行为能力一方提起离婚诉讼。无民事行为能力人的配偶有虐待、遗弃等严重损害无民事行为能力一方的人身权利或者财产权益行为,其他有监护资格的人可以依照特别程序要求变更监护关系;变更后的监护人有权代理无民事行为能力一方提起离婚诉讼。

(二) 离婚诉讼中的调解

依本条规定"人民法院审理离婚案件,应当进行调解",调解是人民法院审理离婚案件的必经程序,是人民法院行使审判职能的重要方面。人民法院在审理离婚案件的整个过程中,即从受理案件开始到判决前为止,审判人员都可以依职权主动进行调解,促使当事人尽量达成协议。双方达成的离婚协议必须经过人民法院的审查认可,发给离婚调解书后才发生法律效力。

离婚诉讼中的调解一般也有三种结果:(1)双方达成和好协议,原告撤诉的,人民法院将调解笔录存卷,诉讼结束。(2)双方达成离婚协议,人民法院按协议内容制作离婚调解书,调解书送达后发生法律效力,婚姻关系即告解除。(3)调解无效,双方没有达成协议,人民法院即进入判决阶段。

(三) 诉讼离婚的判决

人民法院对于调解无效的离婚案件,应当通过判决的方式来解决纠纷。人民法院的离婚判决包括判决准予离婚和不准予离婚两种情况。无论何种判决,都应当以经过开庭审理查明的事实为依据,以法律规定的判决离婚的法定条件即感情确已破裂为标准。破裂者,准予离婚;未破裂或未完全破裂者,不准予离婚。判决一经生效,就发生强制性效力,当事人必须执行。当事人对一审法院判决不服的,可在一审判决后15日内向上一级人民法院提起上诉,第二审人民法院作出的判决,为终审判决。根据《民事诉讼法》第202条的规定,当事人对已经发生法律效力的解除婚姻关系的判决、调解书,不得申请再审。因为离婚判决不同于一般的民事判决,夫妻关系一经解除,双方都可以与他人再婚。对于判决不准离婚或调解和好的离婚案件,没有新情况、新理由,原告在6个月内又起诉的,人民法院不予受理。

四、判决离婚的法定条件

(一) 感情确已破裂、调解无效是准予离婚的法定条件

判决离婚的法定条件,其基本构成有两方面:(1)夫妻感情确已破裂;(2)调解无效。感情确已破裂,是指夫妻感情已不复存在,双方不能继续共同生活且无和好的可能。感情确已破裂是判决准予离婚的实质要件,调解无效是判决准予离婚的程序要件。

(二) 夫妻感情确已破裂的认定

夫妻感情存在于当事人的内心,具有可变性和复杂性的特点,其他人难以判断。因此,判断夫妻感情是否确已破裂,应根据实际,从婚姻基础、婚后感情、离婚原因、夫妻关系的现状和有无和好的可能等方面综合分析:

1. 看婚姻基础。

婚姻基础是双方结婚时的感情状况和相互了解的程度,婚姻基础是以双方结合的方式、恋爱时间的长短、结婚的动机和目的等反映出来的。考察婚姻基础主要是看双方是否自主自愿的,是否以爱情为基础的,是否慎重了解,是否出于真心相爱。一般而言,婚姻基础好,通过调解比较容易和好。相反,婚姻基础差,就难以调和。看婚姻基础只是分析夫妻感情的一个方面,还应结合其他条件,全面分析判断。

2. 看婚后感情。

婚后感情要通过以下几个方面来考察:(1)夫妻双方婚后地位是否平等,是否做到互敬互爱,共同抚育子女,有事共同商量。(2)夫妻感情的发展变化,是由好变坏,还是由坏变好,或是时好时坏,要根据具体事情作出全面的分析判断。(3)产生纠纷的具体情况,如发生纠纷的次数、程度、后果等。(4)双方本人及家庭状况,如男女双方的思想道德水平、工作态度、性格爱好以及家庭关系、婆媳关系、经济状况等。对上述情况深入调查,了解夫妻感情变化的全过程,才会对夫妻婚后感情作出准确的判断。

3. 看离婚的原因。

离婚的原因是引起离婚的最根本的因素,实践中,离婚的原因非常复杂,需看是单一原因还是多种原因;是主观原因还是客观原因;是外部原因还是内

部原因;是有第三者的干涉还是当事人一方或双方为达到自己的目的而制造的虚假现象。因此,要查清离婚的真实原因,对症下药,正确解决纠纷。

4.看夫妻关系的现状及有无和好的可能。

这是在以上"三看"基础上,对婚姻现状和今后的和好可能作出估计和预测。如夫妻双方是否分居、夫妻间的义务是否停止,对子女是否牵挂,有过错的一方有无忏悔表现等。对有和好可能的婚姻,法院应尽力做调解和好工作。对那些感情确已破裂、和好无望的婚姻,应依法准予离婚。

（三）夫妻感情确已破裂的具体情形

本条总结了司法实践经验,列举了常见的、多发性的原因,例示规定了调解无效,准予离婚的几种情形:

1.重婚或者与他人同居。

这两种行为都是违反一夫一妻制、伤害夫妻感情、破坏婚姻秩序的严重过错行为。如无过错一方提出离婚,法院应当准许。如果是过错一方提出离婚,法院也应当根据双方感情是否破裂的实际情况,依法进行判决。如果过错方有所悔改,或者无过错方对过错方予以谅解,双方感情有和好可能的,应当着重调解和好,判决不准离婚;如果过错方经批评教育无悔改表现,或无过错方虽不愿离婚,又无争取和好的实际行动,证明双方感情确已破裂,经调解无效,应准予离婚。不能以判决不准离婚作为惩罚有过错一方的手段,维持名存实亡的夫妻关系。

2.实施家庭暴力或虐待、遗弃家庭成员。

《民法典》第1042条规定:"……禁止家庭暴力。禁止家庭成员间的虐待和遗弃。"我国《刑法》第260条第1、2款规定:"虐待家庭成员,情节恶劣的,处二年以下有期徒刑、拘役或者管制。犯前款罪,致使被害人重伤、死亡的,处二年以上七年以下有期徒刑。"《刑法》第261条规定:"对于年老、年幼、患病或者其他没有独立生活能力的人,负有扶养义务而拒绝扶养,情节恶劣的,处五年以下有期徒刑、拘役或者管制。"可见,实施家庭暴力、虐待或遗弃家庭成员的行为,不仅违反民法,而且触犯刑律。

人民法院审理涉及家庭暴力的案件,应当认真查明夫妻之间、其他家庭成员之间平时的感情状况,实施家庭暴力、虐待、遗弃的具体事实和情节。根据我国《反家庭暴力法》第20条的规定,人民法院可以根据公安机关出警记录、告诫书、伤情鉴定意见等证据,认定家庭暴力事实。实施家庭暴力、虐待、遗弃的行为如已严重伤害了夫妻感情,虽经法院调解,但被实施家庭暴力、虐待、遗弃的一方不予谅解,坚持要求离婚的,应准予离婚。如果实施家庭暴力、虐待、遗弃行为情节恶劣,已经构成犯罪的,还应当依法追究施暴者,虐待、遗弃者的刑事责任。

3. 有赌博、吸毒等恶习屡教不改。

赌博、吸毒等恶习,往往导致家庭经济条件窘迫、夫妻关系紧张甚至引发家庭暴力,使夫妻感情破裂。人民法院在审理此类案件时,对于有赌博、吸毒等恶习,屡教不改的,经调解无效,应准予离婚。本款为例示性规范,除了明确列举的赌博、吸毒恶习之外,还应包括其他严重危害夫妻感情的恶习,如卖淫、嫖娼、酗酒等。

4. 因感情不和分居满二年。

分居是指夫妻之间不再共同生活,不再履行夫妻义务。夫妻因感情不和,持续分居二年以上,可以认定夫妻感情确已破裂。当事人已连续分居二年的举证责任由原告方承担。

5. 其他导致夫妻感情破裂的情形。

现实生活中,导致夫妻感情破裂、引起离婚诉讼的原因多种多样,人民法院根据感情确已破裂这一原则,结合案件具体情况作出正确判定。如一方有生理缺陷或其他原因不能发生性行为,且难以治愈的;或者一方因强奸罪等被追究刑事责任,严重伤害夫妻感情的;或者双方性格不和、志趣不投,难以共同生活的;夫妻双方因是否生育发生纠纷,致使感情确已破裂,一方请求离婚的,人民法院经调解无效的,都应依照夫妻感情破裂的情形处理。

此外,一方被宣告失踪,另一方提出离婚诉讼的,应准予离婚。依《民法典》第40条的规定,自然人下落不明满二年的,利害关系人可以向人民法院申请宣告该自然人为失踪人。经公告查找确无音讯,按我国《民事诉讼法》规定的宣告失踪程序被法院宣告失踪的,其配偶提起离婚诉讼,人民法院即可判决准予离婚。例如,妻子下落不明满二年,经法院宣告失踪的,如丈夫提起离婚诉讼,人民法院即可判决准予离婚。

另经人民法院判决不准离婚后,双方又分居满一年,一方再次提起离婚诉讼的,应当准予离婚。例如,妻子第一次起诉离婚法院判决不准离婚,判决生效后,双方又分居满一年,说明感情确已破裂,已无和好可能,如妻子再次提出离婚诉讼,法院即可判决准予离婚。

第一千零八十条　完成离婚登记,或者离婚判决书、调解书生效,即解除婚姻关系。

释　义

本条是关于婚姻关系解除时间的规定。

在以下三种情形下,当事人间的婚姻关系解除:

第一,男女双方自愿离婚,并在民政部门完成离婚登记、取得离婚证。

第二,诉讼离婚中人民法院作出的离婚判决书生效。对于一审人民法院审理的离婚案件所作出的一审判决,双方当事人都没有在法定期间内提出上诉的,判决书发生法律效力,当事人间的婚姻关系解除;任何一方不服人民法院的判决并在法定期间(自收到判决书起 15 日)内提出上诉的,一审判决不发生法律效力,当事人间的婚姻关系并不解除。二审人民法院作出的离婚判决书自送达双方当事人起生效,夫妻关系解除,双方不再具有配偶间权利义务关系。

第三,诉讼离婚中在人民法院主持下达成的离婚调解书生效。依我国民事诉讼法的规定,离婚诉讼调解书经双方当事人签收后,即具有法律效力。依本条规定在未完成离婚登记,或者离婚判决书、调解书生效前,夫妻关系并未解除,此时一方死亡,另一方仍为配偶,是法定继承人。

实践中出现离婚诉讼过程中,甚至一审判决准予离婚,因一方上诉引起二审过程中,一方死亡,在遗产继承问题上产生另一方是否有继承权的纠纷。例如,在离婚诉讼中,一审判决准予离婚,丈夫提起上诉,在二审过程中丈夫死亡,妻子要求继承遗产,而丈夫的其他继承人认为双方感情不好,一审判决准予离婚,妻子没有继承权。此时,一审判决因丈夫提起上诉并未生效,二审程序正在进行尚未作出判决,夫妻关系并未解除,因此妻子仍为法律上的配偶身份,仍享有法定继承权。

第一千零八十一条　现役军人的配偶要求离婚,应当征得军人同意,但是军人一方有重大过错的除外。

释　义

本条是关于现役军人婚姻保护的规定。

人民军队担负着巩固国防,抵抗外来侵略,保卫祖国,保护人民安居乐业的神圣职责。本条规定对现役军人的婚姻给予特殊的保护,符合国家和人民的根本利益。

一、现役军人的配偶要求离婚,应当征得军人同意

所谓现役军人,是指正在人民解放军和人民武装警察部队服现役、具有军籍的干部和士兵。退役、转业、复员军人以及在军事单位中工作,未取得军籍的职工或其他人员不包括在内。

现役军人的配偶起诉要求离婚的,人民法院应当受理,但是,如果现役军人不同意离婚且无重大过错时,人民法院一般应当判决不准离婚。因此,现役军人的配偶的离婚胜诉权受到限制。

本条只适用于非军人一方向现役军人提出的离婚诉讼,即原告是非军人,被告是现役军人。对于现役军人向非军人的配偶一方提出离婚,或者双方均为现役军人,则不适用本条特别规定,按一般离婚规定处理。

二、现役军人一方有重大过错的,配偶要求离婚,不受"应当征得军人同意"的限制

司法实践中,军人一方的重大过错,一般是指军人一方重婚或与他人同居,实施家庭暴力或虐待、遗弃家庭成员,有赌博、吸毒等恶习屡教不改或其他违背公序良俗、严重伤害夫妻感情等行为。军人的重大过错严重侵害配偶权利,严重伤害夫妻感情,为保护配偶合法权益,配偶要求离婚的,不受"应当征得军人同意"的限制,人民法院如认定符合离婚条件,即使军人不同意,法院也可判决准予离婚。

三、依法追究第三者破坏军婚违法犯罪行为的刑事责任

有的非军人一方提出离婚是由于第三者插足造成的,如第三者与军人配偶(非军人一方)通奸、姘居、重婚等,处理这类案件应首先制止破坏军婚的行为,第三者构成犯罪的,根据刑法的有关规定,依法追究第三者的刑事责任,然后再根据夫妻关系具体情况处理离婚问题。

第一千零八十二条　女方在怀孕期间、分娩后一年内或者终

止妊娠后六个月内,男方不得提出离婚;但是,女方提出离婚或者
人民法院认为确有必要受理男方离婚请求的除外。

释　义

本条是关于男方离婚诉权的限制的规定。

这是保护妇女儿童身心健康的特别规定,是在特定期限内对男方离婚请求权的一种限制。因为女方在此期间内,身体上和精神上都需要特别照顾,如果允许男方提出离婚,势必给女方在精神上带来沉重的打击,不但影响女方的身心健康,也不利于胎儿、婴儿的发育、成长,因此,禁止男方在此期间提出离婚是完全必要的。

一、在女方三个特别时期内男方不得提出离婚

(一) 适用范围

男方在下列三种情形下不得提出离婚:

1. 女方在怀孕期间。如果原审人民法院判决离婚时,未发现女方怀孕,女方自己发现并提出上诉,应撤销判决、驳回男方离婚请求。

2. 女方在分娩后一年内。只要女方有分娩的事实,无论婴儿是否活着娩出,也不论出生后婴儿是否死亡,均受一年期间的限制。

3. 女方终止妊娠后六个月内。终止妊娠的原因既包括因计划生育等主观原因,也包括医学等客观原因等。

(二) 对男方离婚请求权的限制

男方在法律规定的上述期间提起离婚诉讼的,人民法院不予受理。但上述期间届满后,男方仍可依法行使其离婚请求权。因此,本条规定只是推迟了男方提起离婚之诉的时间,并没有剥夺其离婚的请求权。

二、女方在此期间提出离婚的不受限制

女方在此期间提出离婚,说明本人对离婚已有思想准备,表明她认为离婚才更有利于保护自己和子女的利益。如不及时受理,可能更加不利于保护妇女、胎儿、婴儿的利益,故不应受此限制。另外,在此期间,如果男女双方自愿登记离婚的,符合本条的立法精神,应予准许。

三、人民法院认为确有必要受理男方离婚请求的也不在此限

人民法院在男方有正当理由的前提下,也可以受理男方的离婚请求,例如,双方确实存在不能继续共同生活的重大而紧迫的事由,一方对他方有危及生命、人身安全的可能;再如,女方婚后与人通奸以致怀孕且通奸怀孕的事实为女方承认或经查属实的。

第一千零八十三条 离婚后,男女双方自愿恢复婚姻关系的,应当到婚姻登记机关重新进行结婚登记。

释 义

本条是关于复婚登记的规定。

复婚,是指男女双方在离婚后,自愿恢复婚姻关系并到婚姻登记机关重新进行结婚登记的行为。复婚登记机关和登记程序与结婚登记原则上相同,但在所持证件中,复婚登记应持离婚证或离婚调解书或离婚判决书。

实践中经常出现男女双方离婚后重新住在一起以夫妻名义共同生活的情形,但并未办理复婚登记,这在法律上并不产生恢复婚姻关系的效力。未重新进行结婚登记,双方就不是法律上的夫妻,相互之间没有法律上规定的配偶间的权利义务,例如没有继承权和相互扶养的义务。双方同居后又想"离婚"的,应当先补办结婚登记再离婚,未补办结婚登记的,按解除同居关系处理。

第一千零八十四条 父母与子女间的关系,不因父母离婚而消除。离婚后,子女无论由父或者母直接抚养,仍是父母双方的子女。

离婚后,父母对于子女仍有抚养、教育、保护的权利和义务。

离婚后,不满两周岁的子女,以由母亲直接抚养为原则。已满两周岁的子女,父母双方对抚养问题协议不成的,由人民法院根据双方的具体情况,按照最有利于未成年子女的原则判决。子女已满八周岁的,应当尊重其真实意愿。

释　义

本条是关于离婚后父母子女关系的规定。

一、父母子女关系不因父母离婚而消除

父母虽已离婚,但父母与子女间的关系并不消除,只是变更了父母对子女的抚养形式,即子女只能和父或母一方共同生活,由该方直接抚养,另一方通过给付抚育费及行使对子女的探望权来履行其抚养、教育子女的权利和义务。离婚后,子女无论由父或者母直接抚养,仍是父母双方的子女。离婚后,父母对于子女仍有抚养、教育、保护的权利和义务。

二、离婚后的子女抚养问题

离婚后,子女随哪一方生活,不仅直接关系到子女的权益,也是离婚诉讼中争执较多且难以解决的焦点问题。离婚时处理子女抚养问题,必须从有利于子女身心健康的原则出发,把维护子女利益放在首位,再结合父母双方的抚养能力和抚养条件,妥善解决。本条规定应遵循以下规则:

（一）**不满两周岁的子女的抚养**

离婚后,不满两周岁的子女,以由母亲直接抚养为原则。这是由哺乳期内的母婴生理特点所决定的,不满两周岁的子女还处于哺乳期,母乳哺育及母亲的精心照料,是婴儿健康成长的重要条件。同时,不满两周岁的子女由哺乳的母亲抚养,既是其权利也是其义务,母亲不得推卸抚养婴儿的责任。

当母亲不宜或不能抚养婴儿时,父亲也不能推卸抚养的义务。其主要情形有以下几种:(1)母亲患有久治不愈的传染性疾病或其他严重疾病,子女不宜与其共同生活的。(2)母亲有抚养条件不尽抚养义务,而父亲要求子女随其生活的。(3)因其他原因,子女确无法随母亲生活的。(4)父母双方协议,不满两周岁的子女随父亲生活,并对子女健康成长无不利影响的,可予准许。

（二）**已满两周岁的子女的抚养**

哺乳期后的未成年子女的抚养问题,首先应由父母双方协议,协议不成时,由人民法院判决。

如双方因抚养问题发生争执不能达成协议时,由人民法院根据子女的权

益和双方的具体情况判决。对于父母双方均要求子女由其直接抚养的,判决时,一方有下列情形之一的,可予优先考虑:(1)已做绝育手术或因其他原因丧失生育能力的。(2)子女随其生活时间较长,改变生活环境对子女健康成长明显不利的。(3)一方无其他子女,而另一方有其他子女的。(4)子女随其生活,对子女成长有利,而另一方患有久治不愈的传染性疾病或其他严重疾病,或者有其他不利于子女身心健康的情形,如有赌博、吸毒等恶习,或者无抚养子女的经济条件等,不宜与子女共同生活的。(5)子女单独随祖父母或外祖父母共同生活多年,且祖父母或外祖父母要求并有能力帮助子女照顾孙子女或外孙子女的。

（三）已满八周岁的未成年子女的抚养,应考虑其本人意愿

根据《民法典·总则编》第19条的规定,"八周岁以上的未成年人为限制民事行为能力人",对事物有了一定的认识和判断能力。对于其随父或随母生活,应征求其本人意见,由其自己作出选择。人民法院应尊重其本人意愿。

（四）父母轮流抚养子女

在有利于保护子女利益的前提下,父母双方协议轮流抚养子女的,可予准许。实践中,离婚诉讼中争养独生子女的现象较为普遍,增加了人民法院审理案件的难度。采取轮流抚养的办法,能使子女得到较完整的父爱与母爱,满足了父母双方抚养子女的愿望,也可减少人民法院处理离婚纠纷的阻力和难度。因此,双方协议轮流抚养的,如果确实对子女有利,应予准许。但应注意避免不断改变孩子的生活环境对其健康成长的不利影响。

三、离婚后子女抚养关系的变更

离婚后,随着时间的推移,父母的抚养能力、抚养条件可能发生变化或者出现其他新情况,对此,可由父母双方协议变更子女的抚养关系,协议不成时,由人民法院判决。一方要求变更子女抚养关系,有下列情形之一的,应予支持:(1)与子女共同生活的一方因患严重疾病或因伤残无力继续抚养子女的;(2)与子女共同生活的一方不尽抚养义务或有虐待子女行为的,或其与子女共同生活对子女身心健康确有不利影响的;(3)八周岁以上的未成年子女,愿随另一方生活,该方又有抚养能力的;(4)有其他正当理由需要变更的。

第一千零八十五条　离婚后,子女由一方直接抚养的,另一

方应当负担部分或者全部抚养费。负担费用的多少和期限的长短,由双方协议;协议不成的,由人民法院判决。

前款规定的协议或者判决,不妨碍子女在必要时向父母任何一方提出超过协议或者判决原定数额的合理要求。

释　义

本条是关于离婚后子女抚养费负担的规定。

一、离婚后子女抚养费的负担

离婚后,父母双方都有负担子女抚养费的义务。子女无论由父亲还是由母亲直接抚养,另一方应当负担部分或者全部抚养费,负担费用的多少和期限的长短,由双方协议;协议不成时,由人民法院判决。无论协议或判决,都应当以子女的实际生活需要、父母双方的实际负担能力和当地的实际生活水平为依据。在协议离婚时,如果抚养子女的一方既有负担能力,又愿意独自负担全部费用,也允许对方不分担抚养费,但经查实,抚养方的抚养能力明显不能保障子女所需费用,影响子女健康成长的,不予准许。

(一) 子女抚养费的数额

父母双方离婚后有平等的负担子女生活费和教育费的义务,但义务主体的平等,并不意味着抚养费用数额的平均分担,其数额的确定,应根据子女的实际需要,父母双方的负担能力和当地的实际生活水平来确定,司法实践中有以下几类情况:

1. 父母有固定收入的,抚养费一般可按其月总收入的20%—30%的比例给付。负担两个以上子女抚养费的,比例可适当提高,但一般不得超过月总收入的50%。

2. 父母无固定收入的,抚养费的数额可依据当年总收入或同行业平均收入,参照上述比例确定。

3. 有特殊情况的,可适当提高或降低上述比例。例如,双方收入悬殊较大,一方收入较少或生活难以维持,而另一方收入较高,经济条件优越,则应适当提高比例,收入少的一方可适当降低其比例。

（二）抚养费的给付期限

子女抚养费的给付期限，一般至子女 18 周岁为止。16 周岁以上不满 18 周岁的未成年人，以自己的劳动收入为主要生活来源，并能维持当地一般生活水平的，父母可停止给付抚养费。

不能独立生活的成年子女，父母有给付能力的，仍应负担必要的抚养费。不能独立生活的成年子女，是指尚在校接受高中及其以下学历教育，或者丧失或未完全丧失劳动能力等非因主观原因而无法维持正常生活的子女。

（三）抚养费的给付方法

1.定期给付。子女的抚养费应定期给付，这是一般原则。定期给付，通常是指按月、按季度、按年或按收获季节给付。

2.一次性给付。给付子女的抚养费有条件的可一次性给付。一次性给付，是指按月或按年应付的抚养费的数额，乘以将子女抚养到法定年龄的期限，计算出总数，一次性给付完毕。实践中，对一方要求一次性给付的要慎重处理。确有必要一次性给付的，要注意掌握条件。根据审判实践经验，对于出国出境人员、有能力支付的私营企业主、双方协商一致的、下落不明的一方以财产折抵的等情形，可以一次性给付。

3.以物折价。对于一方无经济收入或下落不明的，可以用财物折抵子女抚养费。离婚时，为了便于执行，对子女抚养费的数额、给付期限和办法，都应当在调解协议或判决书中加以明确。

二、离婚后子女抚养费的变更

离婚后，由于父母经济条件、子女需要等情况发生变化，可由父母双方协议变更子女的抚养费；协议不成的，另行起诉要求变更。抚养费的变更包括抚养费的增加、减少或免除三种情况。

（一）子女抚养费的增加

子女要求增加抚养费，有下列情形之一，父或母有给付能力的，应予支持：（1）原定抚养费数额不足以维持当地实际生活水平的；（2）因子女患病、上学，实际需要已超过原定数额的；（3）有其他正当理由应当增加的。如物价上涨、生活地域发生变化、有给付义务的父方或母方经济收入明显增加等。至于子女抚养费是否增加及增加多少，应当由双方当事人协议，协议不成时，由人民法院依法裁决。

（二）子女抚养费的减少或免除

子女抚养费的数额可以在特定条件下减少甚至免除：（1）抚养子女的一方再婚，再婚配偶愿意负担子女抚养费的一部或全部，另一方的负担可以酌情减少或者免除；（2）负有给付义务的一方确有实际困难，如长期患病或丧失劳动能力，无经济来源，确实无力给付的，也可以通过协商或者判决酌情减免；（3）有给付能力的一方，因犯罪被判刑收监改造，无力给付的。

抚养费的减少或者免除直接关系到子女的切身利益，人民法院在决定时应慎重考虑，严格把握。应当指出的是，在一定条件下减少或免除当事人应当支付的抚养费并没有消除父母对子女抚养、教育的义务。因此，在减少甚至免除的特定条件消失后，负有抚养费给付义务的一方经济条件明显好转时，应当自行恢复给付。

第一千零八十六条 离婚后，不直接抚养子女的父或者母，有探望子女的权利，另一方有协助的义务。

行使探望权利的方式、时间由当事人协议；协议不成的，由人民法院判决。

父或者母探望子女，不利于子女身心健康的，由人民法院依法中止探望；中止的事由消失后，应当恢复探望。

释 义

本条是离婚后父母探望权的规定。

一、探望权的概念

探望权是指父母离婚后，不直接抚养子女的父或者母一方享有对未成年子女进行探望、联系、交往、短期共同生活的权利，另一方有协助的义务。探望权具有以下基本特征：

（一）探望权是离婚后父或母对子女的一项法定权利，是基于身份和血缘关系而产生的一项权利

父母子女的关系，不因父母离婚而消除。离婚后，子女无论由父方或母方抚养，仍是父母双方的子女。离婚后不与未成年子女共同生活的一方，通过看

望、关心子女或与子女短时间共同生活,可以教育子女,与子女交流感情,可以得到精神抚慰,也使未成年子女享有正常的父母之爱,有利于未成年子女的健康成长。

（二）探望权的主体

探望权的权利主体为离婚后不直接抚养子女的父或母一方,义务主体为直接抚养子女的父或母一方。看望自己的子女,并与之交往、短时间共同生活为人之常情,抚养子女的一方负有不得妨碍其行使权利的义务并且积极协作的义务,为其提供方便条件,保证探望权人权利的实现。

（三）探望权的行使不得损害子女的身心健康

探望权是法律赋予不直接抚养子女一方的法定权利,同时也是子女应当享受到完整的父母之爱的权利。但是这种权利是一种义务性权利,其行使不得损害子女的身心健康。如果父或母探望子女,不利于子女身心健康的,另一方可申请人民法院依法中止其探望权。

二、探望权的行使

行使探望权的时间、方式,有两种确定方式,即父母协商和法院判决。首先应当由父母协商,父母是探望权的权利主体和义务主体,如他们能协商解决,易于执行。当然,如果达不成协议,探望权人可以向人民法院提出请求,由人民法院依法对探望的时间和方式作出判决。对于已经生效的离婚判决,如果没有涉及探望权,当事人也可以就探望权问题单独提起诉讼,人民法院应予受理。在婚姻登记机关办理离婚登记手续的,应当同时就探望子女的时间、方式等达成协议,并写入离婚协议书,对于当事人达不成协议,或协议内容不合法的,不能通过行政程序登记离婚。

三、探望权的中止和恢复

父或母探望子女,不利于子女身心健康的,未成年子女、直接抚养子女的一方及其他对未成年子女负担抚养、教育义务的法定监护人应依法向人民法院申请中止,由人民法院依法中止探望权。中止的事由消失后,应当恢复探望的权利。

探望权中止的前提是探望权的行使不利于子女身心健康。司法实践中,不利于子女身心健康的情形主要有:

1.探望权人是无民事行为能力人或限制民事行为能力人。

2.探望权人患有严重传染性疾病或其他严重疾病,可能危及子女健康的。

3.探望权人在行使探望权时对子女有侵权行为或者犯罪行为,损害子女权益的。

4.探望权人与子女感情严重恶化,子女坚决拒绝探望的。

5.其他不利于子女身心健康的行为,如探望权人有酗酒、吸毒、骚扰子女等行为。

中止探望权,只是暂时停止不直接抚养子女一方探望子女的权利,并非完全剥夺。当以上不利于子女身心健康的情形消失后,被中止探望权的人可向人民法院提出请求,人民法院应当根据当事人的申请裁定恢复其探望权。

第一千零八十七条 离婚时,夫妻的共同财产由双方协议处理;协议不成的,由人民法院根据财产的具体情况,按照照顾子女、女方和无过错方权益的原则判决。

对夫或者妻在家庭土地承包经营中享有的权益等,应当依法予以保护。

释 义

本条是关于离婚时夫妻共同财产处理的规定。

一、离婚时夫妻共同财产的协议处理

协议分割是夫妻在平等自愿的基础上,就共同财产的处理达成一致意见的分割方式。离婚时,夫妻的共同财产分割首先由双方协议处理。夫妻双方通过协商对共同财产的分割达成共识,只要双方具有民事行为能力,意思表示真实且内容合法,法律即予以承认。协议分割夫妻共同财产,体现了法律对公民私权的尊重,也是意思自治原则的体现。

实践中,有的当事人以对方同意离婚为条件而达成财产分割协议,为达到尽早离婚目的而在财产上作出一定让步,达成附条件的离婚财产分割协议。如果双方协议离婚未成,一方在离婚诉讼中主张所附条件未成就,对财产分割协议反悔的,人民法院应当认定该财产分割协议没有生效,并根据实际情况依

法对夫妻共同财产进行分割。

二、离婚时夫妻共同财产的判决分割

判决分割是夫妻双方就共同财产的分割达不成一致意见时,由人民法院依法作出裁决的分割方式。人民法院应根据财产的具体情况,按照照顾子女、女方和无过错方权益的原则判决。

(一) 分割夫妻共同财产的原则

人民法院判决分割夫妻共同财产时,应遵循以下几项原则:

1. 男女平等原则。

男女平等是婚姻法的基本原则,体现在夫妻共同财产分割上,夫妻双方对共同财产有平等分割的权利;对共同债务也应平等地承担清偿的义务。在日常生活中,夫妻双方的收入通常是有区别的,一般表现为男方经济收入高于女方。在分割夫妻共同财产时,不能因为女方经济收入较低,或者女方没有经济收入而少分或不分给其财产。离婚时,任何一方对共同财产都依法享有平等的分割权利。

2. 照顾子女权益的原则。

坚持这一原则,应将未成年子女的利益放在首要地位。由于父母的离婚给未成年子女今后的生活带来一定的影响,为使下一代健康地成长,能有一个较好的成长环境,在分割夫妻共同财产时,要根据子女的生活和学习的需要,给抚养未成年子女的一方适当多分一些财产,以照顾子女的实际需要。

3. 照顾女方权益的原则。

目前,我国由于经济、社会及传统价值观念等各方面因素的影响,男女事实上不平等的现象仍然存在。这主要是由于女性受教育、就业的机会与男性有一定的差距,经济能力总体上弱于男性,此外,女性在家务中付出的往往较多,而这又难以物化为财产收益。因此,在分割夫妻共同财产时,有必要保障女方的权益并给以适当的照顾,保证女方不因经济问题而影响其行使离婚的权利,以避免女方因离婚而造成生活困难。

4. 照顾无过错方权益的原则。

关于离婚诉讼中过错方的认定,可参照《民法典》第 1091 条、第 1092 条的规定,认定有侵害婚姻家庭、侵害配偶人身权、侵害配偶财产权行为的一方为过错方。过错行为具体包括以下情形:(1)重婚;(2)与他人同居;(3)实施家庭暴力;(4)虐待、遗弃家庭成员;(5)有其他重大过错;(6)隐藏、转移、变卖、毁损、挥霍夫妻共同财产;(7)伪造夫妻共同债务企图侵占另一方财产。前四项为第1091条规定的离婚过错赔偿制度中的重大过错行为,第六项和第七项是第1092条规定的妨害共同财产分割的行为。但本条规定的"照顾无过错方"本身不是一种民事责任,因此,应对过错行为作较为宽泛的解释,除前述严重违反婚姻义务的重大过错行为外,还包括其他违反婚姻义务或者故意以悖于社会善良风俗的方法侵害配偶身份关系的过错行为,如通奸、姘居、赌博、吸毒等行为。

在分割夫妻共同财产时,照顾无过错方,使其在财产上多分一些,以弥补其在感情、精神上遭受的伤害和痛苦,对过错方少分或不分,以示对过错方的一种惩戒,体现了法律的公平与正义。

(二) 司法实践中分割夫妻共同财产的具体问题

离婚时夫妻共同财产范围的认定,主要依前述《民法典》第1062条规定的法定财产制中的夫妻共同财产的范围以及《民法典》第1065条规定的夫妻约定共同所有的财产。除法律条文明确列举的共同财产种类外,司法实践中在分割夫妻共同财产时还会出现以下具体问题:

1. 夫妻共同财产与家庭财产的区分。

家庭财产是指家庭成员的共同财产和各自所有的财产的总和。家庭财产既包括夫妻个人所有的财产、夫妻双方共同所有的财产,又包括夫妻之外其他家庭成员个人所有的财产以及全体家庭成员共同所有的财产。未成年人通过继承、受赠、获得奖励、因人身受到伤害获得赔偿金等方式获得的财产属于其个人财产,父母作为其监护人仅享有管理权,而不能将其视为父母的共同财产。离婚时,需要分割的仅限于夫妻的共同财产。对于家庭成员的共同财产,应当首先分家析产,分出属于夫妻共同所有的部分,然后夫妻双方再对此加以分割。对于确实难以查清的家庭财产问题,可以告知当事人另案处理,或者中止离婚诉讼,待析产案件处理后再恢复离婚诉讼。

2. 财产是否属于夫妻共同财产难以确定的。

对财产属于个人财产还是夫妻共同财产难以确定的,主张权利的一方有责任举证。当事人举不出有力证据,人民法院又无法查实的,按夫妻共同财产处理。

3. 关于军人的各种费用。

军人的复员费、自主择业费等一次性费用,以夫妻关系存续年限乘以年平均值,所得数额为夫妻共同财产,离婚时夫妻双方可以进行分割。但应明确,这里所称年平均值,是指发放到军人名下的上述费用总额按具体年限均分得出的数额。其具体年限为人均寿命 70 岁与军人入伍时实际年龄的差额。例如,甲(男)20 岁入伍,28 岁与乙(女)结婚,40 岁离开部队自主择业,从部队领得自主择业费 20 万元,45 岁时甲与乙离婚,其自主择业费年平均值为 $200000 \div (70-20) = 4000$(元),其中夫妻共同财产的数额为 $4000 \times (45-28) = 68000$(元),乙可分得 34000 元。

军人的伤亡保险金、伤残补助金、医药生活补助费用属于个人财产,这些费用是维持军人自身生存所必需的费用。夫妻双方离婚时,这些费用应当属于军人本人,不能作为夫妻共同财产进行分割。

4. 关于有价证券及股份。

夫妻双方离婚时,共同财产中的股票、债券、投资基金份额等有价证券以及未上市股份有限公司股份的分割,首先夫妻双方协商分割,协商不成或者按市价分配有困难的,人民法院可以按比例进行分配。

5. 关于有限责任公司、合伙企业组织、独资企业中的出资。

随着社会生活的变化,现在的家庭财产,除了传统意义上的储蓄存款、房屋等外,还包括在一些企业中的出资。离婚时这些出资的分割,除根据《民法典·婚姻家庭编》的规定外,还必须与公司法、合伙企业法、独资企业法等法律法规的规定和精神保持一致。同时,还要坚持以下原则:(1)坚持婚姻法规定的男女平等,保护子女和女方合法权益的原则;(2)自愿协商原则;(3)维护其他股东、合伙人合法权益原则;(4)有利于生产和生活的原则。只有这样,才能既保护婚姻当事人的合法权益,又保护其他人的合法权益。

其一,夫妻用共同财产在有限责任公司的出资。

人民法院审理离婚案件,涉及分割夫妻共同财产中以一方名义在有限责任公司的出资额,另一方不是该公司股东的,按下面两种情形处理:(1)夫妻双方协商一致将出资额部分或全部转让给该股东的配偶,过半数股东同意、其他股东明确表示放弃优先购买权的,该股东的配偶可以成为该公司股东;(2)夫妻双方就出资额转让份额和转让价格等事项协商一致后,过半数股东不同意转让,但愿意以同等价格购买该出资额的,人民法院可以对转让出资所得财产进行分割。过半数股东不同意转让,也不愿意以同等价格购买该出资额的,视为其同意转让,该股东的配偶可以成为该公司股东。用于证明过半数股东同意的证据,可以是股东会决议,也可以是当事人通过其他合法途径取得的股东的书面声明材料。

其二,合伙企业中的出资。

人民法院审理离婚案件,涉及分割夫妻共同财产中以一方名义在合伙企业中的出资,另一方不是该企业合伙人的,当夫妻双方协商一致,将其合伙企业中的财产份额全部或者部分转让给对方时,按以下情形分别处理:

第一,其他合伙人一致同意的,该配偶依法取得合伙人地位;

第二,其他合伙人不同意转让,在同等条件下行使优先受让权的,可以对转让所得的财产进行分割;

第三,其他合伙人不同意转让,也不行使优先受让权,但同意该合伙人退伙或者退还部分财产份额的,可以对退还的财产进行分割;

第四,其他合伙人既不同意转让,也不行使优先受让权,又不同意该合伙人退伙或者退还部分财产份额的,视为全体合伙人同意转让,该配偶依法取得合伙人地位。

其三,独资企业中的投资。

夫妻以一方名义投资设立独资企业的,人民法院分割夫妻在该独资企业中的共同财产时,应当按照以下情形分别处理:一是一方主张经营该企业的,对企业资产进行评估后,由取得企业一方给予另一方相应的补偿;二是双方均主张经营该企业的,在双方竞价的基础上,由取得企业的一方给予另一方相应的补偿;三是双方均不愿意经营该企业的,按照《个人独资企业法》等有关规定办理。

6. 与生产经营有关的夫妻共同财产。

一方以夫妻共同财产与他人合伙经营的,入伙的财产可以分给一方所有,分得入伙财产的一方对另一方应给予相当于入伙财产一半价值的补偿。属于夫妻共同财产的生产资料,如家庭拥有的汽车、拖拉机、机械设备、工厂厂房等,可分给有经营条件和能力的一方。分得该生产资料的一方对另一方应给予相当于一半价值的补偿。对夫妻共同经营的当年无收益的养殖、种植业等,离婚时应从有利于发展生产、有利于经营管理考虑,予以合理分割或折价处理。

7. 夫妻分居两地时的财产处理。

夫妻分居两地分别管理、使用的婚后所得财产,具体分割时,可采取各自所有、差额补偿的形式。

8.关于尚未取得经济利益的知识产权。

离婚时一方尚未取得经济利益的知识产权,归一方所有。但在分割夫妻共同财产时,可根据具体情况对另一方给予适当的照顾。

9.夫妻一方继承的遗产。

婚姻关系存续期间,夫妻一方继承的遗产除了被继承人在遗嘱中明确指定只归夫妻一方所有的以外,原则上都属于夫妻共有的财产。但在夫妻双方离婚时,若一方依法可以继承的遗产在继承人之间尚未实际分割,另一方请求分割这部分夫妻共同财产的,人民法院应当告知当事人在继承人之间实际分割遗产后另行起诉。

10.养老保险金。

婚姻关系存续期间,夫妻双方实际取得或者应当取得的养老保险金属于夫妻共同财产。但离婚时夫妻一方尚未退休、不符合领取养老保险金条件,另一方请求按照夫妻共同财产分割养老保险金的,人民法院不予支持;婚后以夫妻共同财产缴付养老保险费,离婚时一方主张将养老金账户中婚姻关系存续期间个人实际缴付部分作为夫妻共同财产分割的,人民法院应予支持。

(三) 离婚时房屋的处理

由于房屋属于夫妻共同财产中的不动产,价值大、纠纷常见,处理不好容易引起矛盾激化,因此将其作为单独的问题加以解释。在司法实践中,关于离婚时房屋的处理一般包括以下情形:

1.夫妻共同出资而取得"部分产权"的房屋。

部分产权,是指职工以标准价格购买公有住房后享有部分权能,并且这种权能受到法定限制的产权。对夫妻共同出资取得"部分产权"的房屋,如果夫妻双方有书面约定的,按约定处理。没有约定的,如房屋面积较大能够分室居住使用的,人民法院可令双方分割使用,各取得分割所得房屋的"部分产权"。对不宜分割使用的房屋,人民法院可依照本规定的照顾直接抚养子女方、照顾残疾或生活困难方、照顾无过错方等原则,将房屋"部分产权"分给一方,而由分得房屋"部分产权"的一方,一般按所得房屋产权的比例,依照离婚时当地政府有关部门公布的同类住房标准价,给予对方一半价值的补偿。对夫妻双方均争要房屋"部分产权"的,在双方同意或者双方的经济、住房条件基本相同的条件下,人民法院亦可采取竞价方式解决双方的争议。

2. 夫妻共有的商品房。

其分割应按照其他夫妻共同财产进行分割,遵守分割夫妻财产的基本原则和各项规定。对于完全属于一方的个人财产,如果另一方离婚后生活困难、无房居住,可以暂时居住两年,或者一方以其住房等个人财产给予生活有困难的另一方以适当的帮助。

3. 婚后父母出资为子女购买的房屋。

婚后由一方父母出资为子女购买的不动产,产权登记在出资人子女名下的,视为只对自己子女一方的赠与,该不动产应认定为夫妻一方的个人财产。由双方父母出资购买的不动产,产权登记在一方子女名下的,该不动产可认定为双方按照各自父母的出资份额按份共有,但当事人另有约定的除外。

4. 一方婚前买房并个人首付,婚后共同还贷的房屋。

一方婚前签订房屋买卖合同,以个人财产首付并在银行贷款,婚后用夫妻共同财产还贷,该房屋登记于首付款支付方名下的,离婚时该房屋由双方协议处理。协议不成的,人民法院可以判决该房屋归产权登记一方,尚未归还的贷款为产权登记一方的个人债务。双方婚后共同还贷支付的款项及其相对应财产增值部分,由产权登记一方对另一方进行补偿。

5. 婚后夫妻共同购买一方父母的房改房。

婚姻关系存续期间,双方用夫妻共同财产出资购买以一方父母名义参加房改的房屋,产权登记在一方父母名下,离婚时另一方主张按照夫妻共同财产对该房屋进行分割的,人民法院不予支持。购买该房屋时的出资,可以作为债权处理。

6. 夫妻共有房屋的价值及归属有争议的。

夫妻共有房屋的价值及归属有争议的,无法达成协议时,人民法院按以下情形处理:(1)双方均主张房屋所有权并且同意竞价取得的,应当准许。(2)一方主张房屋所有权的,由评估机构按市场价格对房屋作出评估,取得房屋所有权的一方应当给予另一方相应的补偿。(3)双方均不主张房屋所有权的,根据当事人的申请拍卖房屋,就所得价款进行分割。

7. 尚未取得所有权或尚未取得完全所有权的房屋的处理。

离婚时,双方对尚未取得所有权或尚未取得完全所有权的房屋有争议且协商不成的,人民法院不宜判决房屋所有权的归属,应当根据实际情况判决由当事人使用。待房屋完全取得所有权后,当事人有争议的,可以另行向人民法院提起诉讼。

三、离婚时对夫或妻土地承包经营权益的保护

根据我国《宪法》《民法典·总则编》和《民法典·物权编》的有关规定，公民的土地承包经营权受法律保护。夫妻作为农村承包经营户中的主要成员，与其他家庭成员共同享有在土地承包经营中的权益，对所承包的土地享有占有、使用和收益的权利。离婚时，夫或妻的土地承包经营权平等地受法律保护，任何人不得侵犯。但在实际生活中，女方的土地承包经营权益在离婚时常常受到侵犯。女方结婚后，在娘家的土地可能被收回；离婚时在婆家的承包土地又无法带走，即使男方同意分出，也不便于耕作，这样就使得离婚妇女丧失了在土地承包中的权利，生活陷入困境。为切实保护广大农村妇女的合法权益，我国《农村土地承包法》第 31 条进一步明确规定："……妇女离婚或者丧偶，仍在原居住地生活或者不在原居住地生活但在新居住地未取得承包地的，发包方不得收回其原承包地。"《民法典·婚姻家庭编》第 1087 条第 2 款规定："对夫或者妻在家庭土地承包经营中享有的权益等，应当依法予以保护。"由此可见：

1. 农村妇女离婚后，集体经济组织应当保留对原承包土地的合法使用权。原夫妻关系解除后，所在的农村集体经济组织负责对原先由家庭共同使用和承包的土地予以划分和变更。在重新划分承包地和变更承包经营合同时，在数量上和质量上不因男女性别有所差异。

2. 农村妇女离婚后，其户籍迁移另地的，由新居住地的农村集体经济组织负责为其划分承包地。

3. 农村妇女离婚后，新居住地未取得承包地的，原居住地的发包方不得收回其原承包地。

4. 夫妻关系存续期间从事的多种经营和承包责任田及粮田的当年收益，在离婚时应当作为夫妻共同财产处理。对夫妻关系存续期间共同经营无收益的养殖业、种植业等，离婚时应本着有利于发展生产、有利于经营的原则，予以合理分割，不能分割的折价处理，以保障离婚妇女迁移另地的生活所需。

四、离婚时分割夫妻共同财产的方法

离婚时分割夫妻共同财产的具体方法有三种，可根据财产的类型及当事

人双方的意思表示来选择使用：

1. 实物分割。即在不影响其财产的使用价值和特定用途下，对财产进行实际分配。双方各自根据其享有的份额进行分割并取得相应财产。

2. 价金分割。即将共有物变卖，双方对变卖所得价金进行分割后各自取得价金。价金分割是在共有物不能分割或分割后有损其财产的使用价值和特定用途时使用的分割方法。

3. 价值补偿。即夫妻一方取得共有物，另一方获得相当于一半价格的补偿，取得价金。

第一千零八十八条　夫妻一方因抚育子女、照料老年人、协助另一方工作等负担较多义务的，离婚时有权向另一方请求补偿，另一方应当给予补偿。具体办法由双方协议；协议不成的，由人民法院判决。

释　义

本条是关于离婚经济补偿请求权的规定。

离婚经济补偿请求权是法律赋予离婚主体的一项权利，其立法的目的在于平衡夫妻双方的利益关系，体现法律的公正、补偿与保护的功能，保障离婚自由的真正实现。

一、离婚经济补偿请求权适用的条件

（一）享有经济补偿请求权的一方应是付出义务较多的一方

一方在家务劳动中付出了较多的时间和精力，如在抚养教育子女方面、照料老人方面及协助另一方的工作方面付出了较多的义务。

（二）请求经济补偿的时间限于离婚之时

付出义务较多的一方行使经济补偿请求权，应当在离婚诉讼中向对方一并提出。如果在离婚时不请求对方经济补偿的，对方可以不予补偿。离婚后，该请求权随即消失。

经济补偿请求权不考虑双方的过错情况。无论对方是否有过错，付出较多义务的一方均可要求补偿，其补偿请求权不以对方的过错为要件。付出较

多义务的一方有过错的,也不因其有过错而剥夺补偿请求权,其仍有权要求对所付出的义务予以补偿。

(三) 离婚经济补偿请求权不受夫妻财产制类型的限制

夫妻双方无论是采用法定财产制还是约定财产制,离婚时付出家务劳动较多一方都有权利请求经济补偿,这是《民法典·婚姻家庭编》在原婚姻法基础上修改完善之处。原婚姻法规定仅"夫妻书面约定婚姻关系存续期间所得的财产归各自所有"的才可请求经济补偿,但本条规定不对夫妻财产制加以限制,只要是家务劳动付出义务较多一方就有权利请求离婚经济补偿,加强了对付出义务较多一方的保护。

二、离婚经济补偿请求权的行使办法

1. 在家务劳动中付出较多义务的一方,离婚时向另一方请求补偿,具体补偿办法由双方协议。请求补偿的数额应与其付出的劳动价值相当。

2. 协议不成的,由人民法院根据双方当事人的具体情况,如付出义务的多少,付出义务较少一方因之获得的利益大小,双方各自在子女抚育、老人赡养方面投入的多少,付出义务较多一方的职业机会利益损失,以及双方的财产状况和经济能力等情况进行判决。例如,妻子在生育子女之后,辞职在家抚育子女、赡养老人,承担家庭义务较多。几年后离婚时,妻子既可依《民法典》第1087条规定的照顾女方、照顾子女权益(如离婚后妻子抚养子女)、照顾无过错方(如妻子无过错)等原则主张多分共同财产,又可按本条的规定主张承担较多家庭义务的经济补偿,法院判决具体补偿数额后,应从丈夫个人财产中支付此补偿款。

第一千零八十九条 离婚时,夫妻共同债务应当共同偿还。共同财产不足清偿或者财产归各自所有的,由双方协议清偿;协议不成的,由人民法院判决。

释 义

本条是关于离婚时夫妻债务清偿的规定。

一、离婚时夫妻共同债务应当共同偿还

依前述《民法典·婚姻家庭编》第 1064 条规定,夫妻共同债务,是指夫妻双方共同签名或者夫妻一方事后追认等共同意思表示所负的债务,以及夫妻一方在婚姻关系存续期间以个人名义为家庭日常生活需要所负的债务,此外还包括,夫妻一方在婚姻关系存续期间以个人名义超出家庭日常生活需要所负的债务,债权人能够证明该债务用于夫妻共同生活、共同生产经营或者基于夫妻双方共同意思表示的。

夫妻共同债务应当由夫妻双方共同偿还,夫妻离婚分割夫妻共同财产时,如果有共同债务的,对于已届清偿期的共同债务应先用共同财产偿还,之后再分割剩余的共同财产。

二、双方协议清偿

双方共同财产不足清偿,或者财产归各自所有的,或者离婚时尚未到期的共同债务,一方或双方不愿提前清偿,由双方协议确定各自所应承担的份额。但该夫妻双方的协议仅具有对内效力,该协议只是夫妻双方约定各自分担债务的份额,并不因此产生对外效力。对债权人而言,夫妻离婚后,该项共同债务仍为连带债务,债权人有权向夫妻双方或任何一方请求履行清偿义务。

三、双方协议不成时由人民法院判决

双方协议不成时,可向人民法院起诉,人民法院根据双方的经济状况、经济能力及照顾直接抚养子女一方和女方的原则,判决由双方按一定比例清偿。而法院的判决书、裁定书、调解书确定的只是夫妻双方各自分担的债务份额,也仅对夫妻内部有效力,并没有因此而改变该债务仍为连带债务的性质。即使人民法院的判决书、裁定书、调解书已经对夫妻财产分割、债务清偿问题作出处理,债权人仍有权就夫妻共同债务向男女双方主张权利。

夫妻一方就共同债务承担连带清偿责任后,基于离婚协议或者人民法院的法律文书有权向另一方主张追偿。例如,夫妻共同债务 10 万元,离婚协议约定由丈夫清偿 6 万元,妻子清偿 4 万元。债权人有权要求丈夫清偿全部 10 万元债务。丈夫有义务承担连带责任,清偿全部 10 万元共同债务,清偿后再依双方离婚协议的约定向妻子追偿 4 万元。

第一千零九十条　离婚时,如果一方生活困难,有负担能力的另一方应当给予适当帮助。具体办法由双方协议;协议不成的,由人民法院判决。

释　义

本条是关于离婚时经济帮助的规定。

本条规定平等地适用于男女双方,主要是帮助解决生活困难一方离婚时的生活困难。对生活有困难的一方给予经济上的帮助,有助于消除生活困难一方在离婚问题上的经济顾虑,有助于离婚自由的充分实现。

一、经济帮助的性质

经济帮助是指夫妻离婚时如一方生活困难,经双方协议或者人民法院判决,由有负担能力的一方从其个人财产中给予另一方适当资助的制度。经济帮助既不以一方付出较多的义务为条件,也不以一方是否有过错为必要,而是以一方在离婚时存在生活困难为前提。经济帮助不是夫妻间扶养义务的延续,而是离婚的效力的体现,是由原来的婚姻关系派生出来的一种责任。经济帮助是《民法典·婚姻家庭编》对离婚时生活困难一方予以经济保障的救济方式。

二、经济帮助的条件

离婚时,夫妻一方请求夫妻他方给予经济帮助,应符合以下条件:

（一）一方生活困难

要求帮助的一方必须是生活确有困难并且自己无力解决,如丧失劳动能力又无其他生活来源,生活难以维持的。司法实践中,如一方依靠个人财产和离婚时分得的财产无法维持当地基本生活水平或一方离婚后没有住处的,法院一般认定为生活困难。

（二）经济帮助具有时限性

即这种帮助仅限于一方在离婚当时生活有困难,而不是离婚后任何时间发生困难都可以要求另一方帮助。

（三）提供帮助的一方须有负担能力

即仅限于力所能及的程度。受帮助的一方另行结婚后，对方即终止帮助行为；原定经济帮助执行完毕后，又要求继续给予帮助的，一般不予支持。

三、经济帮助的方法

对一方符合应当获得另一方帮助的条件的，帮助方式首先应当由双方协议，协议不成时，由人民法院根据具体情况在判决中予以确定。如离婚时一方年轻有劳动能力，生活暂时有困难的，另一方可给予短期的或一次性的经济帮助。如结婚多年，一方年老病残、失去劳动能力而又无生活来源的，另一方应在住房和生活方面，给予适当的安排。在经济上可视具体情况，给予一次性帮助或长期的帮助。

提供经济帮助的一方所提供的住房及其他财物，应从提供经济帮助一方个人所有的财产中支付，不应与夫妻共同财产的分割混为一谈。经济帮助是一方对困难一方的有条件的帮助；夫妻共同财产的分割，是夫妻双方对共同财产依法享有的权利。不能用经济帮助的方式取代共同财产的分割，以防止经济较弱一方的财产权利受到损害。

第一千零九十一条   有下列情形之一，导致离婚的，无过错方有权请求损害赔偿：

（一）重婚；

（二）与他人同居；

（三）实施家庭暴力；

（四）虐待、遗弃家庭成员；

（五）有其他重大过错。

释　义

本条是关于离婚损害赔偿的规定。

一、离婚损害赔偿制度的功能

离婚损害赔偿制度是指婚姻当事人一方因法定过错行为的发生而导致离

婚,无过错方有权请求过错方赔偿损失并承担相应民事责任的一种婚姻法律制度。离婚过错方损害赔偿制度旨在填补受害人损失,给予受害人以精神抚慰,有效保障无过错方的合法权益。同时通过损害赔偿责任制裁违法行为,并教育告诫他人,预防违法行为的发生。

二、离婚损害赔偿的构成要件

根据本条及《民法典·侵权责任编》相关规定,离婚损害赔偿的构成需符合下列条件:

(一) 有妨害婚姻家庭关系的法定过错行为的发生

即行为人一方违背夫妻之间的法定义务,实施了损害对方人身权、财产权或配偶身份利益的行为,包括重婚,与他人同居,实施家庭暴力,虐待、遗弃家庭成员及其他重大过错行为。

(二) 行为人主观上存在过错

即行为人明知自己的行为会侵害对方的合法权益仍实施了违法行为,损害其配偶的合法权益。在司法实践中,如果夫妻双方均存在法定过错情形时,一方或者双方向对方提出离婚损害赔偿请求的,人民法院不予支持。

(三) 有损害事实的存在

因过错方违法行为的发生,给无过错方的人身、财产和精神利益造成了一定的损害事实。

(四) 过错行为与损害事实之间存在因果关系

即无过错方人身、财产权益的损失是因过错方的过错行为产生的。

(五) 法定过错行为导致了婚姻关系的破裂

承担损害赔偿责任的主体是离婚诉讼当事人中的过错方,且当事人的离婚是因一方的法定过错行为所致。

三、离婚损害赔偿的方式

在司法实践中,离婚时的损害赔偿包括物质损害赔偿和精神损害赔偿两个方面。

(一) 物质损害赔偿

物质损害主要是指因过错方的过错行为而造成的无过错方实际财产利益的减少,如因家庭暴力行为致使无过错方身体受到伤害而支出的医药费、治疗费等。按照一般的财产侵权理论,物质损害赔偿实行全部赔偿原则。

（二）精神损害赔偿

精神损害主要是指因过错方的违法行为,给无过错方造成了一定的精神压抑和痛苦等精神利益的损害。在确定精神损害赔偿数额的时候,法院通常参考下列因素综合确定:(1)侵权行为人的过错程度;(2)侵害的手段、场合、行为方式等具体情节;(3)侵权行为所造成的后果;(4)侵权人承担责任的能力;(5)受诉法院所在地群众的平均生活水平。

第一千零九十二条　夫妻一方隐藏、转移、变卖、毁损、挥霍夫妻共同财产,或者伪造夫妻共同债务企图侵占另一方财产的,在离婚分割夫妻共同财产时,对该方可以少分或者不分。离婚后,另一方发现有上述行为的,可以向人民法院提起诉讼,请求再次分割夫妻共同财产。

释　义

本条是对一方侵害夫妻共同财产行为的法律后果的规定。

一、侵害夫妻共同财产行为的种类

在司法实践中,经常发生离婚当事人一方用各种非法手段侵害夫妻共同财产的情形,例如,离婚当事人一方故意将属于夫妻共同所有的财产加以隐藏、转移、变卖、毁损、挥霍,或者伪造夫妻共同债务等。本条列举了侵害夫妻共同财产的非法行为的种类:

1. 隐藏:是指私自将财产藏匿起来,不让另一方发现,使另一方无法获知财产所在、无法分割。

2. 转移:是指私自将财产移到别处,或将资金去往其他账户,脱离另一方的控制。

3. 变卖:是指私自将共同财产折价卖给他人。

4. 毁损:是指采用打碎、摔烂、拆卸等破坏性手段使物品失去或部分失去原来具有的使用价值和价值。

5. 挥霍:是指任意无度将夫妻共同财产消费掉。这些行为损害了对方财产权益,妨害夫妻共同财产的分割。

6.伪造夫妻共同债务:是指制造内容虚假的夫妻共同债务凭证,包括虚假的合同、欠条等,以将共同财产据为己有。

二、侵害夫妻共同财产的法律责任

一般而言,离婚时夫妻的共同财产应均等分割,如果配偶一方实施了本条规定的违法行为,必然导致对方财产权益的减损,本条规定的法律责任包括两个方面:

1.在离婚分割夫妻共同财产时给予侵害人少分或不分的处罚。这是侵害人承担侵权法律责任的一种特殊形式,是对合法财产权益一方当事人财产权益的必要救济。

2.离婚后,一方发现对方有隐藏、转移、变卖、毁损夫妻共同财产或伪造债务行为的,可以向人民法院提起诉讼,请求再次分割夫妻共同财产。此外,根据前述《民法典》第1066条的规定,即使是在婚姻关系存续期间,如一方有隐藏、转移、变卖、毁损、挥霍夫妻共同财产或者伪造夫妻共同债务等严重损害夫妻共同财产行为的,对方可向人民法院请求分割婚内夫妻共同财产。

第五章　收　养

▌本章导言 ▶

　　收养制度是亲属制度的重要组成部分。收养关系是亲属关系的重要内容,是自然血亲关系的必要补充,也是保障未成年人健康成长的重要手段。本章共有 26 条,包括收养关系的成立、收养的效力和收养关系的解除三节内容。第一节收养关系的成立规定了收养关系成立的实质要件和形式要件;第二节收养的效力规定了收养关系成立的法律后果,包括收养的拟制效力和解消效力以及收养无效的制度规定;第三节收养关系的解除规定了收养关系解除的法定情形、方式和法律效力。本章作为《民法典·婚姻家庭编》中的独立一章,是在 1999 年《收养法》的基础上修改而来。与原《收养法》相比,本章不仅结构和语言表述更加严谨,而且紧跟法律、政策的发展变化,在被收养人的范围、收养人的条件、收养子女的人数、尊重被收养人意愿以及无配偶者收养异性子女等方面作出了修改,内容更加完善、合理,对保护合法的收养关系,维护收养关系当事人的合法权益,促进家庭和睦、社会稳定,均具有十分重要的意义。

　　关于收养制度,我国曾于 1991 年通过了《中华人民共和国收养法》,并于 1998 年对其进行了修正。国务院有关部门针对收养问题出台了一系列的规范性文件,例如,民政部发布的《中国公民收养子女登记办法》《外国人在中华人民共和国收养子女登记办法》《华侨以及居住在香港、澳门、台湾地区的中国公民办理收养登记的管辖以及所需要出具的证件和证明材料的规定》等。此外,最高人民法院关于适用《收养法》的司法解释和中华人民共和国缔结或参加的有关解决收养关系法律冲突的国际条约等也是我国收养法律制度的重要组成部分。

　　在《民法典·婚姻家庭编》中,收养制度作为独立的一章。与原《收养法》

相比,该章内容主要作了以下几处修改:

1. 在将《收养法》的规定纳入《民法典·婚姻家庭编》的前提下,《收养法》总则的有关规定被并入《民法典·婚姻家庭编》第一章"一般规定"之中。其中《民法典》第1044条规定:"收养应当遵循最有利于被收养人的原则,保障被收养人和收养人的合法权益。禁止借收养名义买卖未成年人。"

2. 扩大被收养人的范围,删除被收养的未成年人须不满十四周岁这一限制,修改为符合条件的未成年人均可被收养。在此基础上,将其中的"查找不到生父母的弃婴和儿童"这一表述修改为"查找不到生父母的未成年人"。

3. 将作为送养人的"公民、组织"的表述改为"个人、组织";将"社会福利机构"的表述统一修改为"儿童福利机构"。

4. 与国家计划生育政策的调整相协调,将收养人须无子女的要求修改为收养人无子女或者只有一名子女,同时对收养子女的数量进行了修改。

5. 为进一步强化对被收养人利益的保护,在收养人的条件中增加了具有保护被收养人的能力以及无不利于被收养人健康成长的违法犯罪记录的要求,并增加"县级以上人民政府民政部门应当依法进行收养评估"的规定。

6. 无配偶者收养异性子女时收养人与被收养人年龄应当相差四十周岁以上的要求,不再限于男性收养女性的情形。

7. 在《民法典·总则编》将限制民事行为能力的未成年人年龄下限从十周岁调整为八周岁的前提下,相应扩大了收养、解除收养关系应当遵从其意愿的被收养人的年龄范围,从"十周岁以上"调整为"八周岁以上"。

8. 在收养无效的规定中,删除了被人民法院确认无效这一前提。

9. 收养关系解除后,养父母要求补偿的费用范围从生活费和教育费修改为抚养费。

10. 删除了《收养法》"法律责任"部分有关刑事责任和行政责任的规定。

第一节　收养关系的成立

第一千零九十三条　下列未成年人,可以被收养:

(一)丧失父母的孤儿;

(二)查找不到生父母的未成年人;

(三)生父母有特殊困难无力抚养的子女。

释　义

本条是关于被收养人范围的规定。

为更好地掌握《民法典·婚姻家庭编》中的收养制度,有必要先了解收养的概念和法律特征。收养是指公民依照法律规定的条件和程序,领养他人的子女作为自己的子女,从而在收养人与被收养人之间确立父母子女关系的民事法律行为。因此种民事法律行为而成立的法律关系被称为收养关系。在收养关系中,收养人是领养他人子女的人,即养父母;被收养人是被他人收养的人,即养子女;送养人是将未成年子女、孤儿或者查找不到生父母的未成年人交由他人收养的父母、其他监护人和儿童福利机构。

收养具有以下法律特征:

第一,收养是自然人实施的民事法律行为。收养行为的成立需要收养人、送养人和有识别能力的被收养人之间达成合意。自然人实施的收养与儿童福利机构自行决定收养孤儿、残疾儿和遗弃儿的行政法上的行为有着本质的区别。收养既涉及当事人的利益,也涉及社会利益,须受到法律的约束。因此,收养关系的成立和解除都必须符合法定条件,遵守法定程序。

第二,收养是改变亲属身份和权利义务关系的行为。收养关系成立后,被收养人与收养人之间产生了父母子女间的身份关系和权利义务关系,同时,被收养人与生父母之间的父母子女身份关系和权利义务关系随之消除。

收养不能发生于直系血亲之间。收养的结果是产生父母子女亲子身份关系和权利义务关系。如果允许直系血亲之间的收养,那么必然会导致亲属关系的重叠,此种收养在法律上毫无意义。但是,旁系血亲之间可以发生收养,例如,可以将侄子女、外甥子女收养为养子女。另外,收养与儿童福利机构对于孤儿、残疾儿和遗弃儿的收容、养育存在区别。首先,两者的法律性质不同。收养属于改变亲属身份关系的民事法律行为,而儿童福利机构的收容、养育属于行政法上的行为。其次,两者的成立方式不同。收养关系的成立须送养人、收养人和有识别能力的被收养人(八周岁以上的未成年人)达成合意,而儿童福利机构对孤儿、残疾儿和遗弃儿,只要符合法律条件,可以自行决定收容、养育。最后,两者的法律后果不同。收养行为能够引起亲属身份关系的变更,收养人和被收养人之间产生父母子女之间的权利义务关系。儿童福利机构的收容、养育并不能产生亲属身份的变更,虽然儿童福利机构具有收容、养育和监护孤儿、残疾儿或遗弃儿的职能,但两者之间并不存在父母子女之间的权利义务关系。收养与寄养也有区别。寄养又称托养,是指孤儿或者生父母无力抚养的子女,由监护人委托符合条件的个人或家庭抚养的行为;寄养与收养在法律程序、法律后果和当事人的共同生活期限等方面有着本质的区别,对此,后文将有进一步的阐述。

收养行为涉及自然人身份的重大变化,因此法律就被收养人的范围作出了明确、严格的规定。《民法典》规定,被收养人只能是未成年人,并且以列举的方式将被收养人限定为三类未成年人。

一、丧失父母的孤儿

国务院办公厅于 2010 年发布的《国务院办公厅关于加强孤儿保障工作的意见》以及民政部 2011 年据此发布的《关于进一步完善保障孤儿基本生活有关工作的意见》等文件将孤儿界定为:"失去父母、查找不到生父母的未满 18 周岁的未成年人"。

二、查找不到生父母的未成年人

原《收养法》第 4 条规定的是"查找不到生父母的弃婴和儿童",《民法典》该条将"弃婴和儿童"修改为"未成年人",可以使表述更加符合语法规范,对符合条件的被收养人范围的表达也更加精准,以避免理解上的歧义。

三、生父母有特殊困难无力抚养的子女

"无力抚养的子女"是指生父母有特殊困难无法或不宜抚养的子女,具体要根据当事人的实际情况来认定。例如,生父母出于无经济负担能力、患有严重疾病或绝症、丧失民事行为能力或因违法犯罪滥用亲权而被剥夺亲权等原因,以致无法或不宜抚养子女,均可视为有特殊困难无力抚养的情形。

将被收养人限定为未成年人,体现了有利于未成年人的抚养和成长的原则,也有利于收养关系的稳定。未成年人的身心发育尚不成熟,属于无民事行为能力人或限制民事行为能力人,他们缺乏独立生活的能力和辨认自己行为后果的能力。家庭是未成年人的最佳成长环境,家庭所具有的呵护、关爱、教育功能,对于未成年人的成长具有不可替代的作用。因此,需要社会和家庭为

未成年人提供一个适宜其健康成长的环境,尤其对于那些因特殊原因而脱离了父母和家庭的未成年人,必须从维护他们合法权益的角度出发,使他们通过收养关系的建立,重享家庭温暖和父母关爱。此外,将被收养人限定为未成年人,有利于养亲之间感情的培养以及收养关系的稳定和发展。这是因为,如果收养成年人,一般很难消除被收养人与其生父母已经形成的父母子女之情,而不易与养父母建立深厚的感情。

与原《收养法》相比,民法典的该条规定扩大了被收养人的范围。原《收养法》第4条将被收养人的范围限定为不满十四周岁的三类未成年人。而民法典的此条规定取消了被收养的未成年人"不满十四周岁"这一年龄限制。受传统收养观念影响,国内家庭倾向于收养低龄的儿童,加之原《收养法》要求被收养人不满十四周岁,直接导致的法律后果是十四周岁到十八周岁之间的未成年人不属于原《收养法》的管辖范围。而这个年龄阶段的未成年人身体和心智尚未成熟,缺乏独立生活能力,且往往处于叛逆期,一旦家庭发生意外变故,可能面临无法生活却又因原《收养法》限制而无法被收养的情况。这不仅影响这一年龄范围的未成年人的身心健康和发展,而且容易增加社会不稳定因素。将被收养人的年龄要求从不满十四周岁的未成年人修改为未成年人,适当扩大被收养人范围,有利于满足多元的收养需求和情感期待,也可以鼓励和促进收养关系的成立,引导收养家庭转变收养低龄儿童的传统观念,以帮助更大范围的未成年人通过收养关系回归家庭。

第一千零九十四条 下列个人、组织可以作送养人:
(一)孤儿的监护人;
(二)儿童福利机构;
(三)有特殊困难无力抚养子女的生父母。

释 义

本条是关于送养人范围的规定。
依照法律规定,以下个人或者组织可以作为送养人:

一、孤儿的监护人

这里的监护人是指生父母以外的、对未成年人负监护责任的人。未成年人的监护人的确定,主要包括遗嘱监护、法定监护和指定监护三种方式。依据《民法典》第 29 条规定,被监护人的父母担任监护人的,可以通过遗嘱指定监护人。在无遗嘱指定监护人的情况下,《民法典》第 27 条规定了法定监护。依据该条规定,"未成年人的父母已经死亡或者没有监护能力的,由下列有监护能力的人按顺序担任监护人:(一)祖父母、外祖父母;(二)兄、姐;(三)其他愿意担任监护人的个人或者组织,但是须经未成年人住所地的居民委员会、村民委员会或者民政部门同意"。依据《民法典》第 30 条的规定,依法具有监护资格的人之间可以协议确定监护人,但是应当尊重被监护人的真实意愿。如果协商之后仍然无法达成协议,那么需要依据《民法典》第 31 条规定的指定监护方式确定未成年人的监护人。该条规定,对监护人的确定有争议的,由被监护人住所地的居民委员会、村民委员会或者民政部门指定监护人,有关当事人对指定不服的,可以向人民法院申请指定监护人;有关当事人也可以直接向人民法院申请指定监护人。最后,在没有依法具有监护资格的人的情形下,《民法典》第 32 条规定,监护人由民政部门担任,也可以由具备履行监护职责条件的被监护人住所地的居民委员会、村民委员会担任。

依据民政部发布的《中国公民收养子女登记办法》以及《民政部关于规范生父母有特殊困难无力抚养的子女和社会散居孤儿收养工作的意见》的规定,监护人作为送养人的,应当提交生父母的死亡证明或者人民法院出具的能够证明生父母双方均不具备完全民事行为能力的文书;监护人所在单位或村(居)委会出具的监护人实际承担监护责任的证明;其他有抚养义务的人(祖父母,外祖父母,成年兄、姐)出具的经公证的同意送养的书面意见。生父母均不具备完全民事行为能力的,还应当提交生父母所在单位、村(居)委会、医疗机构、司法鉴定机构或者其他有权机关出具的生父母对被收养人有严重危害可能的证明。

二、儿童福利机构

儿童福利机构是各级人民政府的民政部门所兴办的儿童福利院。那些因父母死亡、其他亲属又无力抚养或查找不到生父母的未成年人,依照《未成年人保护法》的规定,由儿童福利机构收容抚养。当收养人符合条件并自愿收养由儿童福利机构抚养的未成年人时,儿童福利机构即可成为送养人。除儿童福利机构之外,其他任何机构或个人不得送养上述未成年人。例如,公民拾得弃婴后,应当送交当地的儿童福利机构收容抚养。如果公民自愿收养弃婴,应由抚养弃婴的儿童福利机构作为送养人。

值得注意的是,儿童福利机构抚养的未成年人有三种:一是失去父母的未成年人;二是查找不到生父母的未成年人;三是生父母自费将其送到儿童福利机构寄养的残疾未成年人。前两种未成年人的监护人是儿童福利机构,可以由儿童福利机构送养;第三种未成年人的监护人是其生父母,而不是儿童福利机构,因此,儿童福利机构无权将其送养。

本条规定的"儿童福利机构"是由原《收养法》第5条规定的"社会福利机构"修改而来。依据民政部颁布的《社会福利机构管理暂行办法》的规定,社会福利机构,是指国家、社会组织和个人举办的,为老年人、残疾人、孤儿和弃婴提供养护、康复、托管等服务的机构。由此可见,社会福利机构的范围要远远大于可以作为未成年人的送养人的儿童福利机构的范围。将"社会福利机构"的表述修改为"儿童福利机构",在界定送养人的内涵和外延上更加准确。

三、有特殊困难无力抚养子女的生父母

这与生父母有特殊困难无力抚养的子女可作为被收养人的规定是一致的。父母对子女有抚养、教育的义务,这种义务在通常情况下是不能免除的,但如果父母确有特殊困难(如丧失劳动能力又无经济来源等情况)无力履行抚养义务,法律允许生父母将子女送养他人。但是,生父母送养子女必须满足"有特殊困难无力抚养子女"这一条件。基于此,父母送养子女时必须提交满足以上要求的相应证明文件。依据民政部发布的《中国公民收养子女登记办法》和《民政部关于规范生父母有特殊困难无力抚养的子女和社会散居孤儿收养工作的意见》的规定,父母作为送养人时,除应当提交本人及被收养人的居民身份证和居民户口簿或公安机关出具的户籍证明、《生父母同意送养的书面意见》外,还应当提交生父母有特殊困难无力抚养子女的证明。其中,生父母有特殊困难无力抚养子女的证明是指生父母所在单位或者村(居)委会根据县级以上医疗机构出具的重特大疾病证明、县级残疾人联合会出具的重度残疾证明或者人民法院判处有期徒刑或无期徒刑、死刑的判决书。此外,生父母确因其他客观原因无力抚养子女的,乡镇人民政府、街道办事处出具的有关证明可以作为生父母有特殊困难无力抚养的证明使用。

送养人的范围,是由法律明确规定的,除以上三类个人或者组织之外,其

他任何个人或者组织均不得作为送养人。

第一千零九十五条 未成年人的父母均不具备完全民事行为能力且可能严重危害该未成年人的,该未成年人的监护人可以将其送养。

释　义

本条是关于监护人送养未成年人的特殊规定。

一般而言,当未成年人的父母均不具备完全民事行为能力时,通常不允许监护人将被监护人送养,这是出于维护父母和子女权益的需要。一方面,在未成年人的父母不可能表达其是否同意送养的真实意愿的情况下,送养未成年人会导致亲子关系的改变,使未成年人的父母丧失了可期待的受赡养的权利;另一方面,未成年人尚不具备自我保护能力,在其有父母的情况下盲目地将未成年人送养,有可能损害未成年人的合法权益,不利于其健康成长。但是,如果不具备完全民事行为能力的生父母可能严重危害该未成年人,如父母存在严重的精神疾病并且存在严重危害未成年子女身心健康的可能时,出于保护未成年子女权益的需要,法律允许监护人将该未成年人送养。

第一千零九十六条 监护人送养孤儿的,应当征得有抚养义务的人同意。有抚养义务的人不同意送养、监护人不愿意继续履行监护职责的,应当依照本法第一编的规定另行确定监护人。

释　义

本条是关于监护人送养孤儿的特殊规定。

依据《民法典》第1074条第1款、第1075条第1款的规定,有负担能力的祖父母、外祖父母、兄、姐对于父母已经死亡或者父母无力抚养的未成年人有抚养的义务。对监护人送养由其监护的孤儿进行适当限制,由孤儿的近亲属行使同意权,一方面可以维护这些近亲属的权利,兼顾其与孤儿的感情联系;另一方面可以更好地保护孤儿的利益,符合有利于未成年人抚养和健康成长的基本原则。当近亲属不同意送养、监护人不愿意继续履行监护职责的,应当依照《民法典》第 27 条以及第 29—32 条的规定为孤儿另行确定监护人。

第一千零九十七条 生父母送养子女,应当双方共同送养。

生父母一方不明或者查找不到的,可以单方送养。

释 义

本条是关于生父母送养的规定。

子女是夫妻双方共同的子女,送养子女将改变亲子关系,关系到生父母的切身利益。因此,将子女送给他人收养,必须取得生父母双方的同意。即使夫妻离婚,子女随一方生活,送养子女时,仍应征得对方同意。送养非婚生子女时,其生父明确的,应当征得生父的同意。只有因生父母一方下落不明或者查找不到等客观原因无法共同送养时,才可以单方送养。生父母一方死亡时,另一方也可以单方送养,但要受到本法第 1108 条的限制,即死亡一方的父母(被送养人的祖父母或外祖父母)有优先抚养的权利,在送养前应征得其同意。

在单方送养程序方面,依据民政部发布的《中国公民收养子女登记办法》和《民政部关于规范生父母有特殊困难无力抚养的子女和社会散居孤儿收养工作的意见》的规定,父母作为送养人时,如果生父母一方下落不明,送养人应当提交公安机关或者其他有关机关出具的下落不明的证明、经公证的下落不明一方的父母不行使优先抚养权的书面声明。

第一千零九十八条 收养人应当同时具备下列条件:

(一)无子女或者只有一名子女;

(二)有抚养、教育和保护被收养人的能力;

(三)未患有在医学上认为不应当收养子女的疾病;

(四)无不利于被收养人健康成长的违法犯罪记录;

(五)年满三十周岁。

释 义

本条是关于收养人条件的规定。

为了保护被收养人的利益,法律对于收养人有着严格的要求。收养人必须同时具备以下五个条件。

一、无子女或者只有一名子女

这是对收养人已有子女数量的限制,以便与我国的计划生育政策相接轨。计算已有子女的数量时,应当包括婚生子女、非婚生子女、已经形成抚养关系的继子女和养子女。该条款在原《收养法》规定的基础上进行了修改。原《收养法》第6条将"无子女"规定为收养人应具备的条件之一,以符合我国当时实施的独生子女人口政策。随着2015年《人口与计划生育法》的修正以及全面"二孩政策"的实施,有关收养人已有子女数量的限制也放宽至"无子女或者只有一名子女"。在法律效果层面,法律允许有一名子女者收养,拓宽了收养人的范围,在一定程度上能够起到鼓励民间收养的作用,为未成年人提供了更多的通过收养获得良好家庭抚育的机会。

二、有抚养、教育和保护被收养人的能力

收养制度的主要目的,是使被收养人能够在良好的家庭环境中获得必要的抚养、教育和保护,这决定了收养人必须具备抚养、教育和保护被收养人的能力。这里所指的能力,是指收养人必须是完全民事行为能力人,具备抚养、教育和保护被收养人的经济条件、身体素质、智力能力和良好的思想品德等,能够确保抚养、管教和保护养子女的职责的履行,使被收养人能够健康成长。本条款在原《收养法》规定的"有抚养教育被收养人的能力"基础上,增加了保护被收养人的能力的要求,即仅仅具有抚养、教育被收养人的能力尚不能满足法律对收养人能力的要求,强化了对被收养人合法权益的保护。

三、未患有在医学上认为不应当收养子女的疾病

养父母良好的身体状况是为被收养人提供良好家庭环境的必备条件。收养人应身心健康,才能抚养、照顾养子女。如果养父母患有严重疾病,生活不能自理,就无法履行抚养、照顾养子女的义务;如果养父母身患传染病,那么就很容易传染给养子女,危害养子女的身体健康。

四、无不利于被收养人健康成长的违法犯罪记录

此条款是在原《收养法》规定的基础上新增加的收养人应具备的条件,目的是降低收养人侵害被收养人权益的可能性,加强对被收养人身心健康和合法权益的保护,体现了最有利于被收养人的基本原则。

五、年满三十周岁

这是对收养人年龄的最低要求,是出于对收养关系的性质和生育时间的考虑。收养能够建立拟制的父母子女关系,因此,收养人的年龄不仅需要满足法定婚龄,而且养父母与养子女之间应有合理的年龄差距,以使养亲子关系吻合自然亲子关系的年龄结构与心理结构。收养人年满三十周岁后各方面条件相对成熟,能够更好地承担起作为养父母的职责,对收养家庭和社会均有利。该规定源于1999年《收养法》对1992年《收养法》的修正。1992年《收养法》要求收养人必须年满35周岁,根据此规定,未生育子女的夫妻通常在婚后10多年才可以收养子女,这导致实践中存在为数不少的事实收养现象。因此,1999年《收养法》将收养人年龄下限从35周岁修改为30周岁,这符合我国实际情况,能够满足夫妻尽早收养子女的愿望,也保障养子女在养父母精力最充沛时期得到最佳的抚育和照料。《民法典·婚姻家庭编》也延续了此规定。

值得注意的是,我国关于收养人年龄的要求,只是下限的要求,没有上限的要求。有的收养人年过60周岁,只要符合法律的要求,包括无子女或者只有一名子女,有抚养、教育和保护被收养人的能力,未患有在医学上认为不应当收养子女的疾病,无不利于被收养人健康成长的违法犯罪记录,也可以收养子女。现实生活中因为年龄相差大,他们之间多以养祖父母和养孙子女、养外祖父母和养外孙子女相称谓,实际上是养父母子女关系,适用法律关于父母子女间的权利义务关系的规定。

第一千零九十九条 收养三代以内旁系同辈血亲的子女,可以不受本法第一千零九十三条第三项、第一千零九十四条第三项和第一千一百零二条规定的限制。

华侨收养三代以内旁系同辈血亲的子女,还可以不受本法第一千零九十八条第一项规定的限制。

释 义

本条是关于收养三代以内旁系同辈血亲子女的特殊规定。

一、收养三代以内旁系同辈血亲的子女

我国民间历来就有亲属间收养(俗称过继)的习惯,对于收养三代以内旁系同辈血亲的子女的情形,由于收养人与被收养人之间存在亲属身份和间接的血缘关系,其必然会受到我国传统伦理道德观念的影响和制约,需要借助法律规定保障公序良俗的必要性降低,因此,法律放宽了对收养条件的要求。依据本条规定,收养兄弟姐妹的子女、堂兄弟姐妹的子女、表兄弟姐妹的子女时,其条件要求可以放宽如下:

第一,生父母无特殊困难且具有抚养能力的子女,也可以作为被收养人。

第二,无特殊困难且具有抚养能力的生父母,也可以作为送养人。

第三,如果无配偶的收养人收养的异性子女是旁系同辈血亲的子女,无须受到"收养人与被收养人的年龄应当相差四十周岁以上"这一条件限制。

二、华侨收养三代以内旁系同辈血亲的子女

对于华侨收养三代以内旁系同辈血亲的子女时,不仅可以按上述内容放宽收养条件要求,而且取消了对其已有子女数量的限制,即无须满足"无子女或者只有一名子女"这一要求。华侨收养三代以内旁系同辈血亲之所以不受已有子女数量的限制,是因为华侨长期生活在异国他乡,其本身不受我国计划生育政策的约束,不存在通过收养规避计划生育政策的可能性。因此,即使他们已有多个子女,只要他们有收养子女的意愿,满足收养的其他要件,仍然可以收养子女。

具体而言,华侨收养三代以内旁系同辈血亲的子女,其条件可以放宽如下:

第一,生父母无特殊困难且具有抚养能力的子女,也可以作为被收养人。

第二,无特殊困难且具有抚养能力的生父母,也可以作为送养人。

第三,如果无配偶的收养人收养的异性子女是旁系同辈血亲的子女,无须受到"收养人与被收养人的年龄应当相差四十周岁以上"这一条件限制。

第四,华侨作为收养人,不受无子女或只有一名子女的限制。

第一千一百条 无子女的收养人可以收养两名子女;有子女的收养人只能收养一名子女。

收养孤儿、残疾未成年人或者儿童福利机构抚养的查找不到生父母的未成年人,可以不受前款和本法第一千零九十八条第一项规定的限制。

释 义

本条是关于收养子女人数的规定。

对收养人收养子女人数的限制,是防止收养人收养子女过多无照顾能力而损害被收养人的利益,可以防止出现借收养名义拐卖人口的情况出现,同时也可与国家的人口政策相对应,将收养子女的人数限制在国家《人口与计划生育法》允许的范围内。我国原《收养法》第8条规定"收养人只能收养一名子女",这与原《人口与计划生育法》(2001年颁布、2002年实施)"提倡一对夫妻生育一个子女"的规定相呼应。但是,随着我国人口老龄化、少子化的加剧,社会面临着诸多挑战。为扭转我国生育率低下的局面,缓解老龄化给整个社会带来的压力,国家对2002年的《人口与计划生育法》进行了修正,自2016年1月1日起实施的《人口与计划生育法》取消了实施多年的独生子女政策。该法第18条规定,"国家提倡一对夫妻生育两个子女","二孩政策"全面放开。为与"二孩政策"相接轨,《民法典·婚姻家庭编》删除了原《婚姻法》"实行计划生育"的规定,并对收养子女的人数限制也作出了相应的调整,允许无子女的收养人收养两名子女、已有一名子女的收养人收养一名子女。

但是,收养孤儿、残疾未成年人或者儿童福利机构抚养的查找不到生父母的未成年人,可以不受收养子女人数的限制。法律之所以放宽此类收养的条件,是因为针对这几类未成年人的收养行为具有援助弱者的人道主义和自觉分担社会责任的性质,国家对此持鼓励的态度。以收养残疾未成年人为例,有的专家经调研指出,过去国内很多家庭倾向于收养健康儿童,95%的残疾儿童由外国家庭收养。近年来,随着社会经济文化事业的发展,人们的收养观念特别是经济条件较好的家庭的收养观念逐渐地发生了一些变化,从"养儿防老"

的观念转变为奉献爱心、为社会作贡献,越来越多的家庭愿意收养残疾儿童。从目前的实际情况看,残疾未成年人的收养比例仍然较低,因此有必要通过适当放宽收养人数等途径鼓励收养残疾未成年人。放宽收养人数的限制,可以在一定程度上鼓励和引导对孤儿、残疾未成年人或者儿童福利机构抚养的查找不到生父母的未成年人的收养,给予他们更多的来自家庭的爱和关怀,促进其健康成长,同时也能够减轻社会负担。当然,收养过多子女可能也无益于被收养人的成长。因此,尽管法律放宽了对这几类特殊未成年人收养人数的限制,收养人仍需满足法律规定的其他实质性条件要求。在实践中,应具体问题具体分析,充分考察收养人是否具备抚养、教育和保护被收养人的能力等条件。

第一千一百零一条 有配偶者收养子女,应当夫妻共同收养。

释 义

本条是关于夫妻共同收养的规定。

有配偶者收养子女,须夫妻双方共同收养。法律这样规定,目的是保证被收养人能够在一个和睦、温暖的家庭环境中健康成长。共同收养意味着夫妻双方就收养子女达成合意,并且共同承担抚养、教育和保护养子女的义务,这能够保障养子女在养父母的共同关爱下健康成长。相反,如果夫妻一方置另一方收养意愿于不顾而单方收养,那么势必会造成另一方不接纳养子女,进而影响到夫妻关系的和睦和养子女的身心健康,也不利于维持收养关系的稳定。

第一千一百零二条 无配偶者收养异性子女的,收养人与被收养人的年龄应当相差四十周岁以上。

释 义

本条是关于无配偶者收养异性子女的规定。

无配偶者,是指因未婚、离婚或者丧偶而处于非婚姻状态的人。一些无配偶者或者因生活孤独,希望通过收养子女获得家庭的温暖,或者希望通过收养实现老有所养。为维护这些人的合法权益,防止"单身收养歧视",法律保障无配偶者收养子女的权利。

但是,无配偶者收养异性子女的,收养人与被收养人的年龄应当相差四十周岁以上,这是一项法定的要求,体现了对亲子伦理的遵循及对未成年人权益保障的关注。不得违背社会公德,是收养制度的一项基本原则。收养行为不仅关系着当事人的利益,还直接涉及社会公共利益,因此,收养既要符合法律规定,又要符合社会公共秩序与善良风俗的要求。要求无配偶者收养异性子女时收养人与被收养人的年龄应当相差四十周岁以上,便是出于保护公序良俗、维护社会公德的考虑,防止"乱伦"或其他非法现象的发生。值得注意的是,依据本法第 1099 条的规定,如果无配偶者收养的异性子女是三代以内旁系同辈血亲的子女,其不受与被收养人的年龄相差四十周岁以上这一条件的限制。

值得注意的是,原《收养法》第 9 条对收养人与被收养人年龄差的要求仅限于无配偶的男性收养女性的情形,其主要理由是实践中女性被收养人易受到男性收养人的性侵害或者两者有结婚的可能性,主要目的是保护被收养的女性。然而,如果以社会性别平等观念加以分析,此种规定与男女平等原则相悖;而且,实践中也存在保护男性被收养人的客观需求。因此,《民法典》对此作了修改,对收养人与被收养人年龄差的要求不再限于无配偶的男性收养女性的情形,即无论是无配偶的男性收养女性,还是无配偶的女性收养男性,都要满足收养人与被收养人年龄相差四十周岁以上的要求。

第一千一百零三条 继父或者继母经继子女的生父母同意,可以收养继子女,并可以不受本法第一千零九十三条第三项、第一千零九十四条第三项、第一千零九十八条和第一千一百条第一款规定的限制。

释 义

本条是关于继父母收养继子女的特殊规定。

继子女和继父母的关系是因生父母的再婚而形成的姻亲关系。继父母收养继子女,只要继父或者继母经过继子女的生父母同意,并且当继子女年满八周岁时,征得被收养的继子女的同意,收养关系便得以成立。具体而言,法律对继父母收养继子女的条件作了下列放宽性规定:

第一,其生父母无特殊困难且有力抚养的子女,仍可以作为被收养人被其继父母收养。

第二,无特殊困难且有力抚养子女的生父母,仍可以作为送养人将其子女交给其继父母收养。

第三,继父母作为收养人,无须受第1098条规定的收养人应具备的条件的限制,例如,无须受"无子女或者只有一名子女""有抚养、教育和保护被收养人的能力""未患有在医学上认为不应当收养子女的疾病"以及"年满三十周岁"等条件限制。

第四,继父母收养继子女不受收养数量的限制。

法律之所以放宽继父母收养继子女的条件要求,主要是基于以下考虑:其一,与一般收养相比,继父母收养继子女的情况相对简单,只是在一个家庭内部通过收养将继父母子女关系转变为养父母子女关系,不会发生家庭成员数量的增减。其二,继父母收养继子女,可以消除继子女与继父母、继子女和生父母形成的双重的亲子间的权利义务关系,有利于促进家庭关系的和睦和稳定。《民法典》第1072条第2款规定:"继父或者继母和受其抚养教育的继子女间的权利义务关系,适用本法关于父母子女关系的规定。"据此,继父母与继子女一旦形成这种抚育关系,继子女就与生父母、继父母间形成双重权利义务关系。在现实生活中,如果生父(母)先于继母(父)死亡,此种双重权利义务关系仍然存在,此时,未成年的继子女应由形成抚养关系的继母(父)抚养还是由生存的生母(父)抚养往往发生疑问,产生生母(父)和继母(父)相互推诿的情形,不利于未成年子女的健康成长。通过继父母收养继子女,继父母子女关系转变为养父母子女关系,继子女与未共同生活的一方生父(母)的权利义务关系因收养关系的成立而消除,继子女只与共同生活的生母(父)养父(母)保持单一的权利义务关系,便可避免上述相互推诿的现象的发生。正是出于此种考虑,法律放宽了对继父母收养继子女的条件限制,鼓励继父母收养继子女,以便为继子女提供稳定、和睦的家庭环境,保障其健康成长。

第一千一百零四条 收养人收养与送养人送养,应当双方自愿。收养八周岁以上未成年人的,应当征得被收养人的同意。

释 义

本条是关于收养、送养自愿的规定。

收养是以确立拟制的父母子女身份关系为目的的民事法律行为。收养关系的成立,除送养人、收养人和被收养人具备一定的资格条件之外,还须以当事人能够在地位平等的基础上自由地表达其真实意思为必要条件,即当事人应当完全自愿;被收养人满八周岁的,还应当征得被收养人的同意。

一、收养人与送养人完全自愿

收养人收养与送养人送养,应当双方自愿,并达成合意。法律对达成收养合意有两方面的要求:

第一,收养人与送养人法律地位平等。在收养法律关系中,当事人的法律地位完全平等,任何一方不得享有超越法律的特权,任何一方也不得以欺诈、胁迫等手段强令对方违背真实意思,否则,构成对当事人的人身权利的侵害。

第二,收养应遵循平等自愿的基本原则,即收养人收养与送养人送养,双方完全自愿。自愿是收养关系成立的前提,收养人与送养人在自愿的基础上,立足于保护被收养人的利益,就收养和送养达成合意。

二、被收养人同意

当被收养人为八周岁以上的未成年人时,还应当征得被收养人的同意。该条款是从原《收养法》规定的"收养十周岁以上未成年人的,应当征得被收养人的同意"修改而来。随着《民法典·总则编》将限制民事行为能力的未成年人的年龄下限从十周岁改为八周岁,本条也将应当征得其同意的被收养人的年龄,从"十周岁以上"改为"八周岁以上",以与《民法典·总则编》的规定保持一致。八周岁以上的未成年人虽然没有成年,仍是限制民事行为能力人,但他们已经有了一定的生活经历,对外界的情况具备一定的识别、理解和辨明后果的能力。收养这一改变父母子女关系的重大事项,关系到被收养人在一个新的家庭中生活的重大问题。因此,应当征求、尊重其本人的意愿,取得其同意。这体现了尊重未成年人的人格尊严和自主意愿、地位平等的原则,展现出民法的人文关怀;同时也有利于建立和睦的养父母子女关系,保持收养关系的稳定。

第一千一百零五条 收养应当向县级以上人民政府民政部门登记。收养关系自登记之日起成立。

收养查找不到生父母的未成年人的,办理登记的民政部门应当在登记前予以公告。

收养关系当事人愿意签订收养协议的,可以签订收养协议。

收养关系当事人各方或者一方要求办理收养公证的,应当办理收养公证。

县级以上人民政府民政部门应当依法进行收养评估。

释 义

本条是关于收养关系成立的形式要件的规定。

收养关系的成立,不仅要求当事人符合法律规定的实质要件,同时,还必须符合形式要件,即履行法定的收养程序。在我国,收养登记是收养的法定程序,收养协议和收养公证是当事人可以自愿选择的程序,收养评估是民政部门的法定职责。

一、收养登记

收养登记,是收养关系成立的法定形式要件。收养应当向县级以上人民政府民政部门登记。收养关系自登记之日起成立。据此,如果收养行为不满足收养登记这一形式要件,收养关系便不成立。为规范收养登记行为,民政部于1999年发布并于2019年修订的《中国公民收养子女登记办法》,对收养登记机关及登记手续等内容作出了具体规定。民政部于1999年发布的《华侨以及居住在港澳台地区的中国公民办理收养登记的管辖以及所需出具证明材料的规定》也是相关人员办理收养登记的重要依据。

(一) 收养登记机关

办理收养登记的机关是县级以上人民政府的民政部门。根据被收养人的

具体情况,应当向以下相应的登记机关进行登记:

1.收养儿童福利机构抚养的查找不到生父母的弃婴、儿童和孤儿的,在儿童福利所在地的收养登记机关办理登记。

2.收养非儿童福利机构抚养的查找不到生父母的弃婴和儿童的,在弃婴和儿童发现地的收养登记机关办理登记。

3.收养生父母有特殊困难无力抚养的子女或者由监护人监护的孤儿的,在被收养人生父母或者监护人常住户口所在地(组织作监护人的,在该组织所在地)的收养登记机关办理登记。

4.收养三代以内旁系同辈血亲的子女,以及继父或者继母收养继子女的,在被收养人生父或者生母常住户口所在地的收养登记机关办理登记。

华侨以及居住在香港、澳门、台湾地区的中国公民在大陆收养子女的,应当到被收养人常住户口所在地的直辖市、设区的市、自治州人民政府民政部门或者地区(盟)行政公署民政部门申请办理收养登记。

(二) 收养登记的具体步骤

收养登记可以分为申请、审查和登记三个步骤。

1.申请。

(1)当事人必须亲自当场申请。

收养关系当事人应当亲自到收养登记机关办理成立收养关系的登记手续。夫妻共同收养子女的,应当共同到收养登记机关办理登记手续;一方因故不能亲自前往的,应当书面委托另一方办理登记手续,委托书应当经过村民委员会或者居民委员会证明或者经过公证。

(2)收养人应提交收养申请书和相应的证明材料。

我国大陆居民收养人应当向收养登记机关提交收养申请书和下列证件、证明材料:(1)收养人的居民户口簿和居民身份证;(2)由收养人所在单位或者村民委员会、居民委员会出具的本人婚姻状况和抚养教育被收养人的能力等情况的证明,以及收养人出具的子女情况声明;(3)县级以上医疗机构出具的未患有在医学上认为不应当收养子女的疾病的身体健康检查证明。收养查找不到生父母的弃婴、儿童的,并应当提交收养人经常居住地计划生育部门出具的收养人生育情况证明;其中收养非儿童福利机构抚养的查找不到生父母的弃婴、儿童的,收养人还应当提交下列证明材料:(1)收养人经常居住地计划生育部门出具的收养人无子女的证明;(2)公安机关出具的捡拾弃婴、儿童报案的证明。收养继子女时,可以只提交居民户口簿、居民身份证和收养人与被收养人生父或者生母结婚的证明。对收养人出具的子女情况声明,登记机关可以进行调查核实。

华侨申请办理成立收养关系的登记时,应当提交收养申请书和下列证件、证明材料:(1)护照;(2)收养人居住国有权机构出具的收养人的年龄、婚姻、有无子女、职业、财产、健康、有无受过刑事处罚等状况的证明材料,该证明材料应当经其居住国外交机关或者外交机关授权的机构认证,并经中国驻该国使领馆认证(华侨居住在已与中国建立外交关系国家时)或者已与中国建立外交关系的国家驻该国使领馆认证(华侨居住在未与中国建立外交关系国家时)。

我国香港或澳门居民中的中国公民申请办理成立收养关系的登记时,应当提交收养申请书和下列证件、证明材料:(1)居民身份证、来往内地通行证或者同胞回乡证;(2)经国家主管机关委托的香港委托公证人证明的或者澳门地区有权机构出具的收养人的年龄、婚姻、有无子女、职业、财产、健康、有无受过刑事处罚等状况的证明材料。

我国台湾居民申请办理成立收养关系的登记时,应当提交收养申请书和下列证件、证明材料:(1)在台湾地区居住的有效证明;(2)中国大陆主管机关签发或签注的在有效期内的旅行证件;(3)经台湾地区公证机构公证的收养人的年龄、婚姻、有无子女、职业、财产、健康、有无受过刑事处罚等状况的证明材料。

(3)送养人应提交相应的证明材料。

送养人应当向收养登记机关提交下列证件和证明材料:(1)送养人的居民户口簿和居民身份证(组织作监护人的,提交其负责人的身份证件);(2)收养法规定送养时应当征得其他有抚养义务的人同意的,并提交其他有抚养义务的人同意送养的书面意见。这是对于送养人的总体要求。另外,针对不同的送养人,还有如下不同要求。

儿童福利机构为送养人的,并应当提交弃婴、儿童进入儿童福利机构的原始记录,公安机关出具的捡拾弃婴、儿童报案的证明,或者孤儿的生父母死亡或者宣告死亡的证明。

监护人为送养人的,并应当提交实际承担监护责任的证明,孤儿的父母死亡或者宣告死亡的证明,或者被收养人生父母无完全民事行为能力并对被收养人有严重危害的证明。

生父母为送养人的,并应当提交与当地计划生育部门签订的不违反计划生育规定的协议;有特殊困难无力抚养子女的,还应当提交送养人有特殊困难的声明。其中,因丧偶或者一方下落不明由单方送养的,还应当提交配偶死亡或者下落不明的证明。对送养人有特殊困难的声明,登记机关可以进行调查核实;子女由三代以内旁系同辈血亲收养的,还应当提交公安机关出具的或者经过公证的与收养人有亲属关系的证明。被收养人是残疾儿童的,并应当提交县级以上医疗机构出具的该儿童的残疾证明。

2. 审查、登记。

收养登记机关收到收养登记申请书及有关材料后,应当自次日起 30 日内进行审查。对符合收养法规定条件的,为当事人办理收养登记,发给收养登记证,收养关系自登记之日起成立;对不符合收养法规定条件的,不予登记,并对当事人说明理由。收养查找不到生父母的弃婴、儿童的,收养登记机关应当在登记前公告查找其生父母;自公告之日起满 60 日,弃婴、儿童的生父母或者其他监护人未认领的,视为查找不到生父母的弃婴、儿童。公告期间不计算在登记办理期限内。

二、收养协议

收养协议,是收养关系当事人在自愿同意的基础上,依照法律规定的条件订立的关于成立收养关系的书面协议。签订收养协议不是收养成立的必经程序,如果当事人同意的话可以订立协议;如果一方不同意订立协议,双方办理了收养登记,不影响收养关系的成立。同时,只有书面协议而没有办理收养登记手续的,不产生收养的法律效力。

订立收养关系协议,应当符合如下法律要求:

1. 签订收养协议中涉及的各方主体,即收养人、被收养人与送养人均须符合法律规定条件。

2. 收养协议的主要内容,应当包括收养人、被收养人与送养人的基本情况、收养目的,收养人不虐待、不遗弃被收养人并抚育教育被收养人健康成长的说明,以及双方要求订入的其他内容。

3. 收养协议的形式,应当为书面协议。因为收养涉及重要的亲属身份关系的设立和终止,因此,应当采取书面形式。收养协议中还应当载明达成协议的年、月、日,并由各方当事人亲笔签名。

在签订收养协议时,还必须符合《民法典·总则编》中规定的民事法律行为的有效条件。收养协议自收养关系当事人正式签订之日起生效。值得注意的是,收养协议生效并不意味着收养关系成立,收养必须办理收养登记,收养关系自在民政部门登记之日起成立。

三、收养公证

收养公证,是根据收养关系当事人各方或者一方的要求,由公证机关对收养关系依法作出的公证证明。收养公证的办理与否,取决于当事人,只有在一方或各方有要求的情况下,才必须办理收养公证手续。公证程序不是收养成立的必经程序,办理收养公证与否,不影响收养的效力;即使没有办理收养公证,只要办理了收养登记,收养关系即成立并受法律保护。

依据《中华人民共和国公证法》的规定,收养关系公证应当由本人办理,不可以委托他人办理。申请办理公证的收养关系当事人应当向公证机构如实说明申请公证的事项的有关情况,提供真实、合法、充分的证明材料;提供的证明材料不充分的,公证机构可以要求补充。公证机构经审查,认为申请提供的证明材料真实、合法、充分,申请公证的事项真实、合法的,应当自受理公证申请之日起十五个工作日内向当事人出具公证书。但是,因不可抗力、补充证明材料或者需要核实有关情况的,所需时间不计算在期限内。当事人应当按照规定支付公证费。

四、收养评估

收养评估,是指收养登记机关或其指定的第三方机构通过收养能力评估、融合期调查和收养后回访等程序对收养申请人及其共同生活的家庭成员抚育、教育和保护被收养的未成年人的能力、收养登记办理前收养关系当事人融合情况以及收养登记办理后被收养人与收养人共同生活的情况进行的综合调查和评定。

收养评估是《民法典·婚姻家庭编》在原《收养法》的基础上新增加的收养程序要求,是民政部门的法定职责,县级以上人民政府民政部门应当依法进行收养评估。法律规定收养评估的目的在于确保收养人具有抚养、教育和保护被收养的未成年人的能力,被收养人能够融入收养家庭,避免收养后恶意遗弃等行为,切实保障被收养的未成年人的合法权益。

实际上,自 2012 年起,按照第十三次全国民政工作会议提出的"完善儿童收养政策,建立收养评估制度"的要求,民政部便已开展收养能力评估试点工作。截至 2015 年 9 月,全国已有 28 个省份的 156 个地区开展了试点工作。试点工作的深入开展为建立收养能力评估制度积累了宝贵经验、奠定了良好基础。但在实际工作中仍存在评估人员不够专业、评估程序不够规范、评估内容不够全面的情况,影响收养能力评估试点工作的预期效果。为进一步推进收养能力评估试点工作,确保收养能力评估工作规范、准确地开展,结合各地试点工作经验,民政部于 2015 年 9 月 7 日印发了《收养能力评估工作指引》。

在民政部《收养能力评估工作指引》的基础上,各试点地区对收养评估工作进行了创新性探索。例如,《青海省收养评估暂行办法》《北京市收养家庭能力评估实施细则(试行)》以及《山东省收养评估暂行办法》除规范收养能力评估之外,还增加了融合期调查及收养后回访等程序要求,并规定了监督管理和法律责任,对收养申请、收养登记、收养后抚育等全过程进行规范和监督。截至 2017 年 10 月,全国已有 29 个省份 586 个县(市、区)开展收养评估试点工作。

（一）收养能力评估

收养能力评估,是指收养登记机关或其指定的第三方机构对收养申请人及其共同生活的家庭成员抚养、教育和保护被收养的未成年人的能力进行的综合评定。民政部发布的《收养能力评估工作指引》,明确了收养能力评估的对象、流程、标准和评估方式,规范了评估报告的内容及格式。

1. 评估对象。

依据民政部《收养能力评估工作指引》,中国公民在中国境内收养子女的,应当进行收养能力评估。收养继子女的,不进行收养能力评估。

2. 评估机构及人员。

收养评估工作可以由收养登记机关委托的第三方机构或者收养登记机关开展。民政部门优先采取委托第三方方式开展收养能力评估,评估人员为社会工作师、律师、医生、心理咨询师、婚姻家庭咨询师等专业人员。暂时不具备条件的,也可以由收养登记机关自行评估,评估人员为公务人员或具备专业资质的聘用人员。

3. 评估流程。

收养能力评估流程包括评估告知、评估前准备、实施评估并出具报告等。

（1）评估告知。

收养申请人和送养人达成收养合意后向收养登记机关提交书面申请，收养登记机关对收养申请人情况进行初审，并向收养申请人发出《收养能力评估通知书》，告知将对其抚养教育能力进行家庭调查与评估。

（2）评估前准备。

收养申请人自收到《收养能力评估通知书》之日起 7 个工作日内到收养登记机关委托的收养评估机构提交通知书中所列材料，并在收养评估机构签署《收养申请家庭情况声明》和《收养申请人个人授权书》。

（3）实施评估并出具报告。

收养评估机构自收到收养申请人所提交的材料之日起 30 日内完成评估，并出具《收养能力评估报告》。如有特殊情况，评估期限可以适当延长，但最长不超过 60 日。收养能力评估期间不计算在收养登记办理日期内。评估工作由不少于两名评估人员共同进行。收养评估机构及评估人员对收养申请人家庭情况进行保密。

4. 评估标准。

针对收养家庭主客观情况，将收养能力评估标准分为基本标准和否决性标准两类，各地可以在科学论证的基础上，对部分确实可以量化的标准进行量化评分。

（1）基本标准。

基本标准是指评估收养申请人抚养、教育和保护能力所依据的全部基本条件，包括以下 8 项内容：

①收养动机：收养申请人能够从未成年人利益优先角度出发认识收养问题，对收养后产生的权利义务充分掌握，对今后可能出现的情况有充分心理准备，积极配合进行家庭评估。

②年龄：收养申请人年满 30 周岁，且按照我国当年人口平均预期寿命推算，其至少可以抚养被收养的未成年人至成年。

③健康状况：收养申请人及其他共同生活家庭成员的生理及心理健康状况良好。

④道德品行情况：结合违法犯罪记录及个人信用信息提示等综合考量，收

养申请人具有良好的道德品行,遵守国家法律、法规和相关制度。

⑤经济及住房条件:收养申请人有固定职业和稳定经济收入,家庭人均收入原则上处于当地居民家庭中等收入水平以上。无固定职业者,应有较好的经济基础和稳定的经济来源。收养申请人应有固定住所,且人均住宅面积原则上不低于当地人均住宅面积水平。

⑥婚姻家庭关系:夫妻双方共同收养的,收养申请人婚姻和谐,家庭关系和睦,对家庭有较强的责任感。单身收养申请人应对家庭有较强责任感,收养子女的意愿获得亲人的明确支持。

⑦共同生活家庭成员意见:与收养申请人共同生活的家庭其他成员愿意接纳被收养的未成年人成为家庭中一员。

⑧抚育计划:收养申请人应当对被收养的未成年人有明确的抚育计划。内容应包括抚育开支的计划,有关教育、个人才能培养的长短期安排,主要生活照料人的安排及抚育能力的情况,以及当收养申请人出现特殊情况,无法照顾被收养的未成年人时,对被收养的未成年人的监护安排。

(2)否决性标准。

否决性标准包括5项内容,如果收养申请人具有以下情况之一的则不得收养未成年人:

①参加非法组织、邪恶教派的;

②有买卖、虐待或遗弃儿童行为的;

③有持续性、经常性的家庭暴力的;

④有故意犯罪行为,判处或者可能判处徒刑以上刑罚的;

⑤患甲类或乙类传染病在传染期,患重型精神病在发病期的。

5. 评估方式。

评估人员运用面谈、查阅资料和走访等形式进行综合评估。

(1)面谈。

主要通过听取个人陈述、深度访谈等形式进行,对象为收养申请人本人及共同生活家庭成员。

(2)查阅资料。

查阅收养申请人按照《收养能力评估通知书》中提交的各项材料。根据收养评估申请人的授权,到相关部门核查收养申请人的财产状况、犯罪记录情况和个人征信记录情况。

（3）走访。

到申请收养家庭住所实地查看居住环境，征求收养申请人亲属、朋友、同事、邻里、所在城市社区居民委员会或农村村民委员会的意见。

6.收养能力评估报告。

（1）收养能力评估报告的内容。

评估人员对申请收养家庭整体情况作出真实全面评估后形成综合评估材料，由评估机构制作书面的《收养能力评估报告》。报告内容包括正文和附件两部分：正文部分包括详细的收养申请人情况和评估结论，附件部分包括各项证明材料的复印件、访谈笔录、家访照片等。

（2）收养能力评估报告的有效期。

收养能力评估报告从出具之日起6个月内有效。

（3）收养能力评估报告的签署。

报告结论由进行收养能力评估工作人员共同签名，交评估机构负责人签字批准，并加盖机构公章。

（4）收养能力评估报告的提交。

评估机构出具《收养能力评估报告》一式三份，一份送达收养登记机关，一份送达收养申请人，另一份评估机构留存。

（二）融合期调查

融合期调查，是指在收养登记办理前，对收养关系当事人融合情况进行评估。主要包括对被收养人与收养申请人及其家庭成员共同生活、相处和情感交融等情况、收养申请人履行临时监护职责情况、对被收养人的照料抚育情况和（被）收养意愿等进行调查评估。

收养前融合期调查评估的设立，给收养关系当事人提供了收养前的准备和适应时间，使收养关系的建立更加自然、和谐、融洽。北京、山东、青海等地区有关收养评估的规范性文件中，都规定了收养前融合期调查。

例如，依据《山东省收养评估暂行办法》，收养登记办理前，收养申请人可以通过信息系统向送养人发送融合通知，与被收养儿童进行融合。送养人应当同意。送养人应当自收到融合通知之日起3个工作日内与收养申请人签订《融合期间委托监护协议》，融合期自《融合期间委托监护协议》签订之日起开始，期限不少于5日（《北京市收养家庭能力评估实施细则（试行）》规定了90日的融合期）。融合期内，评估小组入户调查，将融合期调查情况录入信息系统并形成《融合情况调查报告》,作为是否进行收养登记的重要依据。融合成功的,收养申请人于收到信息系统通知后 5 个工作日内到收养登记机关办理收养登记。融合过程中出现严重违反《融合期间委托监护协议》、儿童不接受收养申请人养育或送养人有正当理由反对将该儿童送养给收养申请人等情形,收养申请人放弃收养申请或评估小组认为收养申请人不适合收养该儿童的,收养程序终止。

（三）收养后回访

收养后回访,是指收养登记办理后,对被收养人与收养人共同生活的情况进行评估。主要包括收养人对被收养人的养育、教育情况;被收养人成长、健康、受教育情况;双方情感交融情况等进行调查评估。收养后回访评估的设立,能够有效评估收养关系建立初期收养关系当事人的生活、融合情况。

例如,依据《山东省收养评估暂行办法》,送养人要求进行收养后回访的,可以与收养人协商。收养人同意的,应当签署《收养后回访协议书》。收养后回访可以由评估小组或送养人(简称"回访小组")开展,回访时间和回访次数与收养人协商确定,一般不少于 3 次。评估小组开展回访的,经收养人同意,送养人可以参加。回访小组应当于每次回访结束后 5 个工作日内将回访情况录入信息系统,形成《收养后回访报告书》。回访小组在回访时,如果发现收养人不履行法定抚养义务,有虐待、遗弃等侵害未成年养子女合法权益行为或收养家庭出现重大变故,不具备抚养教育被收养人的能力的,应当及时通知送养人和收养登记机关。送养人和收养登记机关应当按照相关法律法规和政策规定,依法履行职责,维护被收养人合法权益。

第一千一百零六条　收养关系成立后,公安机关应当按照国家有关规定为被收养人办理户口登记。

释　义

本条是关于被收养人户口登记的规定。

在我国,户口是国家对社会进行人口管理的手段,是公民重要的身份证明。1958 年全国人大常委会通过的《户口登记条例》是目前我国实施户口政策的法律依据,它确立了我国户口登记和户口迁移等方面的基本制度框架。

《户口登记条例》规定:"户口登记簿和户口簿登记的事项,具有证明公民身份的效力。"而且,户口也是公民办理其他身份证明的基础和前提。例如,《身份证法》第10条规定,申请领取居民身份证的条件之一是"交验居民户口簿",《护照法》第6条规定,申请护照必须"提交本人的居民身份证、户口簿"。

户口登记,是身份确认、权益维护、秩序稳定的要素与保障,既是公民的义务,也是法律赋予公民的一项基本权利。《户口登记条例》第2条规定:"中华人民共和国公民,都应当依照本条例的规定履行户口登记。"2015年国务院办公厅发布的《国务院办公厅关于解决无户口人员登记户口问题的意见》指出,"依法登记户口是法律赋予公民的一项基本权利,事关社会公平正义,事关社会和谐稳定。"未进行户口登记的人员无法享有公民应当享有的法律人格,不仅无法证明个人身份,而且在所有需要进行身份证明的场合都寸步难行。例如,无法办理登记结婚,无法行使宪法和法律规定的选举权、社会保障权等权利,上学、就业、就医等也会遭遇极大障碍。

收养关系的成立涉及户口登记或户口迁移的问题。收养关系的成立导致亲子关系建立或变更,即被收养人与养父母建立起拟制的亲子关系,而与生父母的权利义务关系随之消除。为被收养人办理户口登记或户口迁移,是收养人的法定义务,也是办理户口登记的公安机关的法定职责,对确认被收养人的人格身份、保障被收养人的合法权益以及建立稳定的收养关系具有重要意义。

在为被收养人办理户口登记的程序要求方面,收养关系成立后,需要为被收养人办理户口登记或者迁移手续的,由收养人持收养登记证到户口登记机关按照国家有关规定办理。出具收养登记证等合法的收养证明是被收养人落户的一个前提条件。但是,鉴于我国曾有条件地承认事实收养,《国务院办公厅关于解决无户口人员登记户口问题的意见》规定,对于法律认可的事实收养关系,即在1999年4月1日《全国人民代表大会常务委员会关于修改〈中华人民共和国收养法〉的决定》施行前,形成事实收养关系但尚未办理收养手续的无户口人员,允许事实收养关系当事人向公证机构申请办理事实收养公证,并凭事实收养公证书和收养人的居民户口簿申请办理常住户口登记。

第一千一百零七条 孤儿或者生父母无力抚养的子女,可以由生父母的亲属、朋友抚养;抚养人与被抚养人的关系不适用本章规定。

释 义

本条是关于寄养的规定。

寄养又称托养,是指孤儿或者生父母无力抚养的子女,由监护人委托符合条件的个人或家庭抚养的行为。寄养有两种形式,一种是公民间委托抚养,另一种是民政部门的家庭寄养。

一、公民间的委托抚养

公民间的委托抚养,是指当生父母死亡或者无力抚养子女时,将子女委托给有抚养条件的亲属、朋友代为抚养的行为。在现实生活中,公民间的委托抚养可能存在两种情形:一是生父母出于某种原因无法与子女共同生活,不能亲自履行抚养义务,而委托有抚养条件的亲属、朋友等代其抚养子女的情形;二是当生父母死亡时,孤儿的祖父母、外祖父母、兄、姐等监护人出于某种原因无法与被监护人共同生活,不能亲自履行抚养义务,而委托有抚养条件的亲属、朋友等代其抚养被监护人的情形。

二、民政部门的家庭寄养

依据《民法典》第 32 条的规定,没有依法具有监护资格的人的,民政部门可以担任未成年人的监护人。民政部门的家庭寄养,便是经过规定的程序,将民政部门监护的儿童委托在符合条件的家庭中养育的照料模式。

家庭寄养是我国 20 世纪 90 年代开始探索开展的一种新型的孤残儿童养育模式,能够在一定程度上缓解儿童福利机构的压力,深化儿童福利制度改革,也有利于为由民政部门监护的儿童提供家庭的温暖和关怀,促进其健康成长。

2003 年,民政部制定了《家庭寄养管理暂行办法》,将替代家庭养育模式予以制度化、规范化。在总结该制度 10 多年发展经验的基础上,为解决发展过程中出现的新情况、新问题,民政部对《家庭寄养管理暂行办法》进行了修订,并于 2014 年 9 月 24 日发布了《家庭寄养管理办法》,对家庭寄养关系的确立、寄养关系的解除、监督管理、法律责任等方面的内容作出了明确、详尽的规定。

（一）寄养关系的确立

1.寄养儿童范围。

依据《家庭寄养管理办法》的规定,寄养儿童的范围不仅包括未满18周岁、监护权在县级以上地方人民政府民政部门的孤儿、查找不到生父母的弃婴、儿童,也包括救助保护机构承担临时监护责任的流浪未成年人。对于需要长期依靠医疗康复、特殊教育等专业技术照料的重度残疾儿童,考虑到家庭寄养服务机构在医疗康复、特殊教育等软硬件设施设备方面都优于一般家庭,不宜安排家庭寄养,而是将其留在机构中,以实现孤残儿童的最大利益。

2.寄养家庭应具备的条件。

为了让适合寄养的儿童回归到具有稳定、健全功能的家庭,《家庭寄养管理办法》从居住、收入、健康、品行以及主要照料人等五个方面对寄养家庭及成员应当具备的条件进行了规定。此外,每个寄养家庭寄养儿童的人数不得超过二人,且该家庭无未满六周岁的儿童。寄养残疾儿童,应当优先在具备医疗、特殊教育、康复训练条件的社区中为其选择寄养家庭。

3.寄养关系确立的程序。

针对寄养关系的确立,《家庭寄养管理办法》设置了申请—评估—审核—培训—签约五个环节。

（1）申请。拟开展寄养的家庭应当向儿童福利机构提出书面申请,并提供户口簿、身份证复印件、家庭经济收入和住房情况、家庭成员健康状况以及一致同意申请等证明材料。

（2）评估。儿童福利机构应当组织专业人员或者委托社会工作服务机构等第三方专业机构对提出申请的家庭进行实地调查,核实申请家庭是否具备寄养条件和抚育能力,了解其邻里关系、社会交往、有无犯罪记录、社区环境等情况,并根据调查结果提出评估意见。

（3）审核。儿童福利机构应当根据评估意见对申请家庭进行审核,确定后报主管民政部门备案。

（4）培训。儿童福利机构应当对寄养家庭主要照料人进行培训。

（5）签约。儿童福利机构应当与寄养家庭主要照料人签订寄养协议,明确寄养期限、寄养双方的权利义务、寄养家庭的主要照料人、寄养融合期限、违约责任及处理等事项。家庭寄养协议自双方签字(盖章)之日起生效。

4. 寄养家庭应履行的义务。

《家庭寄养管理办法》规定了寄养家庭在儿童寄养期间应当履行的十项义务,其中核心内容包括保障好安全,照料好生活,培养好品行,协助好就医就学,配合好康复服务、儿童送养工作以及接受机构监督指导等。

（二） 寄养关系的解除

1. 寄养关系解除的实体性条件。

《家庭寄养管理办法》第 20 条规定,寄养家庭有下列情形之一的,儿童福利机构应当解除寄养关系:寄养家庭及其成员有歧视、虐待寄养儿童行为的;寄养家庭成员的健康、品行不符合本办法第八条第(三)和(四)项规定的;寄养家庭发生重大变故,导致无法履行寄养义务的;寄养家庭变更住所后不符合本办法第八条规定的;寄养家庭借机对外募款敛财的;寄养家庭不履行协议约定的其他情形。

《家庭寄养管理办法》第 21 条进一步规定,寄养儿童有下列情形之一的,儿童福利机构应当解除寄养关系:寄养儿童与寄养家庭关系恶化,确实无法共同生活的;寄养儿童依法被收养、被亲生父母或者其他监护人认领的;寄养儿童因就医、就学等特殊原因需要解除寄养关系的。

2. 寄养关系解除的方式和程序。

寄养关系的解除方式包括协议解除和单方解除。寄养家庭提出解除寄养关系的,应当提前一个月向儿童福利机构书面提出解除寄养关系的申请,儿童福利机构应当予以解除。但在融合期内提出解除寄养关系的除外。解除家庭寄养关系,儿童福利机构应当以书面形式通知寄养家庭,并报其主管民政部门备案。家庭寄养关系的解除以儿童福利机构批准时间为准。家庭寄养关系解除后,儿童福利机构应当妥善安置寄养儿童,并安排社会工作、医疗康复、心理健康教育等专业技术人员对其进行辅导、照料。

此外,《家庭寄养管理办法》还对儿童福利机构应承担的主要职责、县级以上地方人民政府民政部门的监督管理职责、跨县级或市级家庭寄养、家庭寄养费用的来源与使用以及相关主体(寄养家庭、儿童福利机构、县级以上地方人民政府民政部门)不履行法定的义务或职责时应承担的法律责任作出了具体规定。

三、寄养与收养的区别

很显然,寄养与收养不同。它们的区别主要在于:

1. 程序不同。

收养关系的成立和解除都必须满足特定法律条件、经过法定程序;而公民间的委托抚养则无须经过法定程序,只要不对未成年人成长产生不利影响,法律一般不加以干涉。

2. 法律后果不同。

收养关系建立后,收养人与被收养人之间产生拟制的父母子女关系;而寄养是公民之间的互助行为,虽然抚养子女的具体形式有所变化,但子女与其父母的身份关系并未改变,父母子女间的权利义务并未转移,受托人与被寄养的子女间并不产生法律拟制的父母子女关系。

3. 共同生活期限不同。

在正常情况下,收养关系是长期甚至永久的;而寄养是临时性的,它随寄养原因的消除而解除。

例如,未成年人甲的父母由于长期在国外工作繁忙,无法与甲共同生活并亲自履行对甲的抚养义务,于是委托甲的叔叔代为抚养甲。此时,甲与其叔叔之间属于寄养关系而非收养关系,两者之间的亲属关系并非因寄养而变更为父母子女关系。并且,当甲的父母可以亲自履行抚养义务后,甲与其叔叔之间的寄养关系便消除。与前例相比,如果甲的父母因为经济困难无力抚养甲,在满足特定法律条件、履行特定法律程序并与甲和其叔叔达成合意后,作为送养人将甲交由其叔叔抚养,那么,此时甲与其叔叔之间成立的便是收养关系。由此,甲与其叔叔之间产生了父母子女的身份关系和权利义务关系,而甲与其生父母之间的父母子女身份关系和权利义务关系便随之消除。例如,如果甲与其叔叔是收养关系,那么两者之间建立起了拟制的父母子女关系,在叔叔过世后,甲属于法定继承人。但是,如果甲与其叔叔是寄养关系,那么两者之间并不存在父母子女关系,叔叔过世后,甲并不享有对其叔叔遗产的法定继承权。

第一千一百零八条　配偶一方死亡,另一方送养未成年子女的,死亡一方的父母有优先抚养的权利。

释　义

本条是关于抚养优先权的规定。

配偶一方死亡,另一方要求送养子女的,死亡一方的父母有优先抚养的权利,这就意味着送养前须事先征求死亡一方的父母的意见。这里所说的死亡一方的父母,即被送养人的祖父母或外祖父母。祖孙之间在法律上有附条件的权利义务关系。依据《民法典》第1074条的规定,有负担能力的祖父母、外祖父母,对于父母已经死亡或者父母无力抚养的未成年孙子女、外孙子女,有抚养的义务;有负担能力的孙子女、外孙子女,对于子女已经死亡或者子女无力赡养的祖父母、外祖父母,有赡养的义务。因此,祖父母、外祖父母与父母已经死亡或者父母无力抚养的孙子女、外孙子女之间存在相互的权利义务关系。如果祖父母、外祖父母出于对死去的子女的眷恋和对孙子女、外孙子女的爱怜,主张对第三代人的抚养权利,法律应当予以保护;在未征得祖父母或者外祖父母同意的情况下,生存的父亲或母亲一方不得将子女送养。也就是说,祖父母或外祖父母的优先抚养权利,构成对生存的父亲或母亲单方送养子女的法定障碍。这一规定既有利于保护未成年子女的权益,又符合我国的传统习惯,兼顾了血脉亲情。

在此种单方送养的程序方面,依据《中国公民收养子女登记办法》和《民政部关于规范生父母有特殊困难无力抚养的子女和社会散居孤儿收养工作的意见》的规定,父母作为送养人时,如生父母一方死亡,送养人还应当提交死亡证明、经公证的死亡的一方的父母不行使优先抚养权的书面声明。

第一千一百零九条　外国人依法可以在中华人民共和国收养子女。

外国人在中华人民共和国收养子女,应当经其所在国主管机关依照该国法律审查同意。收养人应当提供由其所在国有权机构出具的有关其年龄、婚姻、职业、财产、健康、有无受过刑事处罚等状况的证明材料,并与送养人签订书面协议,亲自向省、自治区、直辖市人民政府民政部门登记。

前款规定的证明材料应当经收养人所在国外交机关或者外交机关授权的机构认证,并经中华人民共和国驻该国使领馆认证,但是国家另有规定的除外。

释 义

本条是关于外国人在华收养子女的规定。

外国人在中国收养子女,是涉外收养的一种类型,是指收养人为外国人、在华收养子女情形。

依据民政部2014—2017年发布的《社会服务发展统计公报》以及2018年发布的《民政事业发展统计公报》,外国人在中国收养子女的情况如下表所示:

表1　2014—2018年外国人在华收养子女统计表

年份	全国收养登记数量（件）	外国人收养登记数量（件）	外国人收养数量比重
2014 年	22772	2887	12.7%
2015 年	22000	2942	13.4%
2016 年	19000	2771	14.6%
2017 年	19000	2228	11.7%
2018 年	16000	1685	10.5%

由此可见,外国人在中国收养子女数量,约占全国收养登记数量的10%以上,是帮助更多中国孤残儿童回归家庭、实现永久性安置的重要方式,是国内收养的有益补充。当然,外国人在中国收养子女,需要遵循特定的原则,并符合特定的实体性和程序性条件。

一、涉外收养的处理原则

依据民政部于2000年12月31日下发的《民政部关于进一步加强涉外送养工作的通知》,涉外收养应当遵循以下原则:

（一）优先国内公民收养与适量涉外送养

虽然外国人在中国收养子女一定程度上有利于减轻我国的儿童福利机构的压力,但其只是安置孤残儿童的一种替代途径,不能将其作为主要手段。

（二）维护我国被收养儿童利益

外国人在中国收养子女,必须以保障被收养人的合法权益为前提。

(三) 依法保护涉外收养行为

外国人在中国收养子女,涉及外国收养人的合法权益。外国收养人通过合法手续在中国收养子女,是对我国儿童福利事业的支持。因此,在将被收养人利益放在首位的前提下,应当保护外国收养人合法的收养行为。

(四) 管理和监督涉外送养行为的原则

各级主管部门应当建立健全涉外收养工作的各项规章制度,加强对儿童福利机构涉外送养工作的日常监督和检查。

二、外国人在中国收养子女的实质性条件

外国人在中国收养子女,同样需要满足收养关系成立的实质性要件,即需要满足我国法律规定的被收养人、收养人和送养人应当具备的条件要求。民政部于 1999 年 5 月 25 日颁布实施的《外国人在中华人民共和国收养子女登记办法》第 3 条规定:"外国人在华收养子女,应当符合中国有关收养法律的规定,并应当符合收养人所在国有关收养法的规定;因收养人所在国法律的规定与中国法律的规定不一致而产生的问题,由两国政府有关部门协商处理。"据此,外国人在中国收养子女,必须符合中国法律规定的成立收养关系的实质要件。

三、外国人在中国收养子女的法定程序

外国人在中国收养子女,还需要满足收养关系成立的形式要件,即要履行法定的收养程序。为规范外国人在中国收养子女的程序问题,民政部于 1999 年 5 月 25 日颁布实施了《外国人在中华人民共和国收养子女登记办法》。

(一) 外国人在中国收养子女的申请

外国人在华收养子女,应当通过所在国政府或者政府委托的收养组织(以下简称外国收养组织)向中国政府委托的收养组织(以下简称中国收养组织)转交收养申请并提交收养人的家庭情况报告和证明。

收养人的收养申请、家庭情况报告和证明,是指由其所在国有权机构出具,经其所在国外交机关或者外交机关授权的机构认证,并经中华人民共和国驻该国使馆或者领馆认证的下列文件:(1)跨国收养申请书;(2)出生证明;(3)婚姻状况证明;(4)职业、经济收入和财产状况证明;(5)身体健康检查证明;(6)有无受过刑事处罚的证明;(7)收养人所在国主管机关同意其跨国收

养子女的证明;(8)家庭情况报告,包括收养人的身份、收养的合法性和适当性、家庭状况和病史、收养动机以及适合于照顾儿童的特点等。在华工作或者学习连续居住一年以上的外国人,在华收养子女,应当提交上述八项文件中除身体健康检查证明以外的文件,并应当提交在华所在单位或者有关部门出具的婚姻状况证明,职业、经济收入或者财产状况证明,有无受过刑事处罚证明以及县级以上医疗机构出具的身体健康检查证明。

（二）送养人应提交的证明材料

对于外国人在中国收养子女的情形,送养人同样应当提供法律规定的证明材料。

送养人应当向省、自治区、直辖市人民政府民政部门提交本人的居民户口簿和居民身份证(儿童福利机构作送养人的,应当提交其负责人的身份证件)、被收养人的户籍证明等情况证明,并根据不同情况提交下列有关证明材料:

1.被收养人的生父母(包括已经离婚的)为送养人的,应当提交生父母有特殊困难无力抚养的证明和生父母双方同意送养的书面意见;其中,被收养人的生父或者生母因丧偶或者一方下落不明,由单方送养的,并应当提交配偶死亡或者下落不明的证明以及死亡的或者下落不明的配偶的父母不行使优先抚养权的书面声明。

2.被收养人的父母均不具备完全民事行为能力,由被收养人的其他监护人作送养人的,应当提交被收养人的父母不具备完全民事行为能力且对被收养人有严重危害的证明以及监护人有监护权的证明。

3.被收养人的父母均已死亡,由被收养人的监护人作送养人的,应当提交其生父母的死亡证明、监护人实际承担监护责任的证明,以及其他有抚养义务的人同意送养的书面意见。

4.由儿童福利机构作送养人的,应当提交未成年人被遗弃和发现的情况证明以及查找其父母或者其他监护人的情况证明;被收养人是孤儿的,应当提交孤儿父母的死亡或者宣告死亡证明,以及有抚养孤儿义务的其他人同意送养的书面意见。

送养残疾儿童的,还应当提交县级以上医疗机构出具的该儿童的残疾证明。

（三）民政部门对送养人与被收养人情况的审查

省、自治区、直辖市人民政府民政部门应当对送养人提交的证件和证明材料进行审查,对查找不到生父母的未成年人公告查找其生父母;认为被收养人、送养人符合法律规定条件的,将符合法律规定的被收养人、送养人名单通知中国收养组织,同时转交下列证件和证明材料:(1)送养人的居民户口簿和居民身份证(儿童福利机构作为送养人的,为其负责人的身份证件)复制件;(2)被收养人是弃婴或者孤儿的证明、户籍证明、成长情况报告和身体健康检查证明的复制件与照片。省、自治区、直辖市人民政府民政部门查找未成年人生父母的公告应当在省级地方报纸上刊登。自公告刊登之日起满60日,未成年人的生父母或者其他监护人未认领的,视为查找不到生父母的未成年人。

(四) 中国收养组织对外国收养人情况的审查与通知

中国收养组织对外国收养人的收养申请和有关证明材料进行审查后,应当在省、自治区、直辖市人民政府民政部门报送的符合收养法律规定条件的被收养人中,参照外国收养人的意愿,选择适当的被收养人,并将该被收养人及其送养人的有关情况通过外国政府或者外国收养组织送交外国收养人。外国收养人同意收养的,中国收养组织向其发出来华收养子女通知书,同时通知有关的省、自治区、直辖市人民政府民政部门向送养人发出被收养人已被同意收养的通知。

(五) 外国人在中国收养子女的登记

外国人在中国收养子女,应当亲自来华办理登记手续。夫妻共同收养的,应当共同来华办理收养手续;一方因故不能来华的,应当书面委托另一方。委托书应当经所在国公证和认证。

外国人来华收养子女,应当与送养人订立书面收养协议。协议一式三份,送养人、收养人各执一份,办理收养登记手续时收养登记机关收存一份。书面协议订立后,收养关系当事人应当共同到被收养人常住户口所在地的省、自治区、直辖市人民政府民政部门办理收养登记。

收养关系当事人办理收养登记时,应当填写外国人来华收养子女登记申请书并提交收养协议,同时分别提供有关材料。收养人应当提供下列材料:(1)中国收养组织发出的来华收养子女通知书;(2)收养人的身份证件和照片。送养人应当提供下列材料:(1)省、自治区、直辖市人民政府民政部门发出的被收养人已被同意收养的通知;(2)送养人的居民户口簿和居民身份证(儿童福利机构作为送养人的,为其负责人的身份证件)、被收养人的照片。

收养登记机关收到外国人来华收养子女登记申请书和收养人、被收养人及其送养人的有关材料后,应当自次日起 7 日内进行审查,对符合《民法典·婚姻家庭编》有关收养的法律规定及《外国人在中华人民共和国收养子女登记办法》规定的,为当事人办理收养登记,发给收养登记证书。收养关系自登记之日起成立。收养登记机关应当将登记结果通知中国收养组织。

收养关系当事人办理收养登记后,各方或者一方要求办理收养公证的,应当到收养登记地具有办理涉外公证资格的公证机构办理收养公证。

四、涉外收养出境手续

依据《外国人在中华人民共和国收养子女登记办法》规定,被收养人出境前,收养人应当凭收养登记证书到收养登记地公安机关为被收养人办理出境手续。

《中华人民共和国出境入境管理法》规定,中国公民出境入境,应当依法申请办理护照或者其他旅行证件。中国公民前往其他国家或者地区,还需要取得前往国签证或者其他入境许可证明。但是,中国政府与其他国家政府签订互免签证协议或者公安部、外交部另有规定的除外。因此,被收养人出境前,收养人应当凭收养登记证书到收养登记地公安机关为被收养人办理护照,并为被收养人取得前往国签证或者其他入境许可证明。

在为被收养人申请护照时,收养人应当提交被收养人的居民身份证、户口簿、近期免冠照片以及收养登记证书等表明申请事由的相关材料。公安机关出入境管理机构应当自收到申请材料之日起十五日内签发普通护照。因交通不便等特殊情况,不能按期签发护照的,经护照签发机关负责人批准,签发时间可以延长至三十日。如果收养人因合理紧急事由请求加急办理,公安机关出入境管理机构应当及时办理。护照签发机关可以收取护照的工本费、加注费。当被收养人出境后因变更国籍等原因丧失中华人民共和国国籍时,由护照签发机关宣布该护照作废。

为使被收养人成为前往国的合法公民,取得永久居留权,收养人一般需要为被收养人申请前往国的移民签证。以美国为例,申请移民签证一般需要经过下列几个程序:向美国移民局(USCIS)提交海外领养申请表(I-800A 表或 I-800 表)并获得批准;向美国驻华使领馆递交被收养人已取得的有效的护照、收养登记证书以及美国移民局批准的海外领养申请表等与申请事由相关的各种证件;填写并递交签证申请表格;与美国驻该国大使馆或领事馆官员会见与面谈;大使馆或者领事馆报其国内主管部门审查批准;缴纳签证费用;获得被收养人移民签证(IR-3 或 IR-4 签证)并出境。

五、涉外收养捐赠的管理和使用

依据民政部发布的《外国人在中华人民共和国收养子女登记办法》的规定,为抚养在儿童福利机构生活的未成年人,国家鼓励外国收养人、外国收养组织向儿童福利机构捐赠。受赠的儿童福利机构必须将捐赠财物全部用于改善所抚养的未成年人的养育条件,不得挪作他用,并应当将捐赠财物的使用情况告知捐赠人。受赠的儿童福利机构还应当接受有关部门的监督,并应当将捐赠的使用情况向社会公布。

《民政部关于进一步加强涉外送养工作的通知》就规范涉外收养捐赠的管理和使用作出了进一步的规定。依据规定,外国收养人如有捐赠意愿的,儿童福利机构应视情况举行一个有不同岗位人员代表参加的小型捐赠仪式,并由儿童福利机构向外国收养捐赠人出具捐赠接受凭证。儿童福利机构接受外汇现钞捐赠,必须严格执行我国捐赠法、外汇管理条例和国家财务制度的有关规定,不得擅自私存。接受收养捐赠的单位,必须是送养儿童的儿童福利机构,其他任何部门、单位和个人不得代收或转交。

收养人捐赠,必须坚持完全自愿的原则,儿童福利机构以及其他任何机构、组织和个人不得对此进行干预。儿童福利机构不得强迫或变相强迫外国收养人捐赠和支付法定之外不合理的其他费用。

儿童福利机构使用捐赠款物,要坚持领导班子集体确定、登记造册、张榜公布等程序,做到账目清楚,手续完备,用途公开。涉外送养捐赠款除外国收养捐赠人有指定意向外,实行专款专用。只能用于:儿童福利院(社会福利院儿童部)的基础设施改造及医疗、康复、教学、娱乐设备更新;孤残儿童接受医疗、康复、学习的费用及改善儿童的生活;送养儿童工作所需的费用(其费用不得超过捐赠款的 4%)。严禁用于福利院行政经费、职工工资及福利待遇等费用的支出,特别是严禁购买小轿车、移动电话等用品。

受赠的儿童福利机构必须严格遵守《捐赠法》,及时将捐赠财物的使用情况告知捐赠人,并向全体职工和社会公布。同时,受赠的儿童福利机构还应接受上级民政部门和有关财务部门、审计部门的监督和检查。要建立涉外送养捐赠使用报告制度。10 万(含)元人民币以上的支出,必须申报上级民政主管部门审核批准。

第一千一百一十条 收养人、送养人要求保守收养秘密的，其他人应当尊重其意愿，不得泄露。

释 义

本条是关于收养保密义务的规定。

收养权是我国公民依法享有的民事权利，收养秘密属于公民个人的隐私范畴，均受到国家法律的保护。尊重和保护收养秘密，也是收养关系当事人及其他公民应当遵守的一项原则。在司法实践中，有不少收养纠纷是由于送养人或其他知情人有意或无意地向被收养人泄露收养事实，致使被收养人感情上和思想上受到打击，造成养父母子女之间关系紧张而引起的。

保守收养秘密，对维护收养当事人的合法权益和维持收养关系的稳定具有重要意义。收养关系是法律拟制的血亲关系，它与自然血亲关系的最大区别在于可以因收养的解除而终止。保守收养秘密，一方面可以防止因泄露收养秘密而影响被收养的未成年人的身心健康发展，避免给收养人造成精神负担，符合应当保护收养人和被收养人合法权益的基本原则；另一方面也有利于保护收养家庭的隐私权，维护收养家庭关系的稳定、和睦。

因此，法律规定，收养人、送养人要求保守收养秘密的，任何个人和组织都必须尊重当事人的权利，不得泄露收养秘密。如果因泄露收养秘密引起收养人、被收养人之间关系恶化等后果，泄密者的行为属于侵犯公民隐私权的行为，应承担相应的侵权责任，包括停止侵害他人隐私权的行为、赔礼道歉、赔偿损失（包括精神损害赔偿）、恢复名誉以及消除影响等。依据民政部发布的《收养登记工作规范》，收养登记机关及其收养登记员泄露当事人收养秘密并造成严重后果的，不仅应当由收养登记机关承担对当事人的赔偿责任，并对承办人员进行追偿，还要对直接负责的主管人员和其他直接责任人员依法给予行政处分。

例如，甲乙夫妇结婚 10 多年也未生育。求子心切的夫妻商量后，决定收养丙出世不久的孩子。为保障孩子的身心健康，双方当事人约定：在任何情形下，丙不得向孩子透露收养之事。一转眼孩子 15 岁了。丙机缘巧合地又见到了孩子，对自己之前狠心抛下孩子又悔又恨，脱口便称自己是其亲生母亲，并透露事件原委。从此，孩子郁郁寡欢，无心求学。甲乙夫妇便找到丙理论，要求其承担责任；但丙称自己本来就是孩子的亲生母亲，说不说是自己的自由。丙应当遵守自己的承诺，保守收养秘密，以利于未成年人的健康成长。对此，我们认为，15 岁的孩子为未成年人，通常还处于逆反期，将收养的事实告诉他，会影响其学业，对其成长不利；这时成年人应当优先考虑未成年人的利益，不能影响未成年人的心理、生理上的健康成长。

值得注意的是，本法第 1104 条规定："收养人收养与送养人送养，应当双方自愿。收养八周岁以上未成年人的，应当征得被收养人的同意。"也就是说，在收养关系成立时，八周岁以上的被收养人对于收养事实是知情的，对其没有保守秘密的实际意义。但这并不意味着可以将收养关系的事实告知其他人或者公之于众。只要收养人、送养人要求保守收养秘密的，其他任何人均应当尊重其意愿，不得泄露。

第二节　收养的效力

第一千一百一十一条　自收养关系成立之日起，养父母与养子女间的权利义务关系，适用本法关于父母子女关系的规定；养子女与养父母的近亲属间的权利义务关系，适用本法关于子女与父母的近亲属关系的规定。

养子女与生父母以及其他近亲属间的权利义务关系，因收养关系的成立而消除。

释　义

本条是关于收养关系成立的法律效力的规定。

收养关系一旦成立，即发生法律效力，包括收养的拟制效力和收养的解消效力两个方面。

一、收养的拟制效力

收养的拟制效力是指收养依法建立新的亲属关系及其权利义务的效力，也称为收养的积极效力。依据我国法律规定，收养的拟制效力不仅及于养子女与养父母，也及于养子女与养父母的近亲属。

（一）养父母与养子女间形成法律拟制的父母子女关系

自收养关系成立之日起,养子女取得与亲生子女完全相同的法律地位,养父母与养子女间的权利义务关系,适用法律关于父母子女权利义务关系的规定。因此,养子女与养父母之间的权利义务关系包括:

1. 养父母对养子女有抚养、教育和保护的权利和义务。

2. 养子女对养父母有赡养、扶助的义务。

3. 养父母与养子女之间有相互继承遗产的权利。

（二）养子女与养父母的近亲属之间形成拟制血亲关系

世界各国的法律对收养的拟制效力存在不同规定。有的国家的法律规定,收养的拟制效力仅及于养父母与养子女以及收养关系存续期间养子女的晚辈直系血亲,例如德国、法国和瑞士。有的国家则规定,收养的拟制效力不仅及于养子女与养父母,还及于养子女与养父母的血亲,例如日本、韩国。

我国法律规定,收养的拟制效力不仅及于养子女与养父母,还及于养子女与养父母的近亲属。养子女与养父母的近亲属间的权利义务关系,适用法律关于子女与父母的近亲属关系的规定。依据《民法典》第1045条第2款的规定,配偶、父母、子女、兄弟姐妹、祖父母、外祖父母、孙子女、外孙子女为近亲属。因此,收养关系成立后,养子女与养父母的上述近亲属之间形成拟制的权利义务关系。例如,养子女与养父母的父母之间形成拟制的养(外)祖孙关系,适用法律关于(外)祖孙关系间权利义务的规定。养子女与养父母的婚生子女之间形成拟制的兄弟姐妹关系,适用法律关于兄弟姐妹间权利义务关系的规定。

二、收养的解消效力

收养的解消效力,是指收养依法终止原有的亲属关系及其权利义务的效力。依据我国法律规定,收养的解消效力不仅及于养子女与生父母,还及于养子女与生父母以外的其他近亲属。

（一）养子女与生父母间的权利义务关系消除

自收养关系成立之日起,养子女与生父母之间的权利义务关系消除,生父母不再对养子女有抚养、教育和保护的权利或义务,养子女不再对生父母负有赡养、扶助的义务,双方也不再享有相互继承遗产的权利。

例如,一条"送养儿子34年后求助遭拒"的新闻曾经登上网络热搜。在该新闻中,浙江绍兴有位王女士,她生有 3 个儿子,因为小儿子属于超生,所以一岁时就被抱走送养。在王女士的老伴因病去世后,两个儿子又生意失败,她生活拮据便想让目前 35 岁、年薪 55 万元的小儿子小张"孝敬"自己。虽然王女士多次联系小张,但均遭到拒绝。基于收养的解消效力,自小张与养父母的收养关系成立之日起,其与生父母之间的权利义务关系便消除。因此,尽管俗话讲"血浓于水",但在法律层面,小张已与其生父母"再无瓜葛",不再负有赡养生父母的义务,其拒绝生母"孝敬"自己的请求于法有据。当然,如果小张愿意,可以在经济上接济王女士,也可以在生活中照顾、情感上抚慰王女士,但在性质上已经不是履行法定的义务。

需要注意的是,收养的解消效力,仅仅是针对法律意义上的父母子女间的权利义务关系,而非自然血缘意义上的父母子女关系。养子女与其生父母间基于出生而具有的直接血缘联系仍然存在。因此,我国法律中有关禁止直系血亲结婚的规定,对养子女与生父母仍然适用。

(二) 养子女与其他近亲属间的权利义务关系消除

收养关系成立后,养子女与生父母以外的其他近亲属之间的权利义务关系随之消除。例如,养子女与(外)祖父母、兄弟姐妹等自然血亲之间的法定权利义务关系立即消除,但是,养子女与其他近亲属之间存在的自然血缘联系仍是客观存在,这种自然血亲关系并不因收养关系的成立而消除。因此,我国法律中有关禁止三代以内旁系血亲结婚的规定,对养子女与生父母以外的其他近亲属也是仍然适用的。

第一千一百一十二条　养子女可以随养父或者养母的姓氏,经当事人协商一致,也可以保留原姓氏。

释　义

本条是关于养子女姓氏的规定。

在中华传统文化中,"姓名"中的"姓",即姓氏,体现着血缘传承、伦理秩序和文化传统,公民选取姓氏涉及公序良俗。公民原则上随父姓或者母姓符合中华传统文化和伦理观念,符合绝大多数公民的意愿和实际做法。同时,考虑到社会实际情况,公民有正当理由的也可以选取其他姓氏。

有关养子女姓氏的规定,是收养的拟制效力的延伸。由于养父母子女关系与自然血亲父母子女关系具有同等的法律效力,因此,养子女姓氏的确定同样适用自然血亲父母子女关系中子女姓氏的确定规则。

养子女使用养父母姓氏是当今世界各国亲属法的通例。我国法律规定,养子女可以随养父或者养母的姓氏,经当事人协商一致,也可以保留原姓氏。结合《民法典·人格权编》对自然人选取姓氏的规定,养子女的姓氏可能会出现以下三种情况:

一、随养父或养母的姓氏

法律规定养子女随养父或养母姓,有利于培养被收养人与养父母间的感情,实现家庭和睦稳定,同时也体现了家庭关系中男女地位平等的原则。现实中,收养关系成立后,养子女一般随养父或者养母的姓氏,养父母为养子女改名字的情况比较常见。

二、保留原姓氏

虽然收养关系成立后,养子女随养父或养母的姓氏,可以作为其身份关系变化的一种标志,也有利于养父母与养子女的情感凝结,但是我国法律并不强制养子女一定跟随养父母确定姓氏。如果养子女已有确定的姓名并进行了户口登记等程序,变更姓名可能徒增不必要的麻烦。因此,法律规定,经当事人协商一致,养子女也可以保留原姓氏。这样既尊重了养父母更改养子女姓氏的权利,又保证了养子女姓氏确定的简便性和灵活性。不过,现实中,被收养人保留原姓氏或改用养父母姓氏之外的姓氏的情况并不多见。

三、选取其他姓氏

除收养法律制度对养子女姓氏作出规定之外,《民法典·人格权编》对自然人姓名权的规定同样适用于养子女姓氏的确定。《民法典》第 1012 条规定:"自然人享有姓名权,有权依法决定、使用、变更或者许可他人使用自己的姓名,但是不得违背公序良俗。"第 1015 条规定:"自然人应当随父姓或者母姓,但是有下列情形之一的,可以在父姓和母姓之外选取姓氏:(一)选取其他直系长辈血亲的姓氏;(二)因由法定扶养人以外的人扶养而选取扶养人姓氏;(三)有不违背公序良俗的其他正当理由。少数民族自然人的姓氏可以遵从本民族的文化传统和风俗习惯。"第 1016 条第 1 款规定:"自然人决定、变更姓名,或者法人、非法人组织决定、变更、转让名称的,应当依法向有关机关办理登记手续,但是法律另有规定的除外。"据此,养子女成年后,具有完全民事行为能力,在符合法律规定的情形下,有权决定是否变更自己的姓氏,变更姓氏的应当依法向有关机关办理登记手续。

尽管法律作此规定,但在我国民间传统习惯上,收养关系成立后,养子女一般随养父的姓氏,养父母为养子女改名字的情况也十分常见,被收养人保留原姓氏或改用养父母姓氏之外姓氏的情况则并不多见。

第一千一百一十三条 有本法第一编关于民事法律行为无效规定情形或者违反本编规定的收养行为无效。

无效的收养行为自始没有法律约束力。

释 义

本条是关于无效收养行为的规定。

收养属于变更身份关系的民事法律行为,为了维护法律的严肃性和权威性,我国法律在规定收养关系成立的法律效力的同时,还规定了收养行为无效的内容。收养行为无效,是指欠缺收养关系成立的法定要件,不能产生收养的法律效力。

一、收养行为无效的原因

依据本条的规定,收养行为无效有以下两方面的原因:

(一) 有《民法典·总则编》关于民事法律行为无效规定情形

1.无民事行为能力人实施的收养行为无效。《民法典》第 144 条规定:"无民事行为能力人实施的民事法律行为无效。"无民事行为能力人包括三类:一是不满八周岁的未成年人(《民法典》第 20 条);二是不能辨认自己行为的成年人(《民法典》第 21 条第 1 款);三是不能辨认自己行为的八周岁以上的未成年人(《民法典》第 21 条第 2 款)。因此,如果收养人或送养人存在以上三种情形之一,那么他们实施的收养行为无效。例如,收养人或送养人系痴呆症患者,或者正处于精神病发病期间,不能辨认自己的行为,其作为无民事行为能力人实施的收养或送养行为便不能产生收养的法律效力。

2. 行为人和相对人以虚假的意思表示实施的收养行为无效。《民法典》第 146 条第 1 款规定："行为人与相对人以虚假的意思表示实施的民事法律行为无效。""虚假的意思表示",是指表意人明知其所表示的内容与其内心的真实意思不一致而作出的意思表示。基于该款规定,如果送养人和收养人双方以虚假的意思表示成立收养行为,例如以收养之名行买卖儿童之实,那么双方实施的收养行为无效。

3. 违反法律、行政法规的强制性规定或者违背公序良俗的收养行为无效。《民法典》第 153 条规定："违反法律、行政法规的强制性规定的民事法律行为无效。但是,该强制性规定不导致该民事法律行为无效的除外。违背公序良俗的民事法律行为无效。"该条规定的"法律、行政法规"是指全国人民代表大会及其常务委员会制定的法律,以及国务院制定的行政法规。"公序良俗"是指国家、社会的一般秩序和社会的一般道德观念。据此,如果收养行为违反了法律、行政法规的强制性规定,例如违反了收养平等自愿的原则,或者违背公序良俗,例如在收养协议中约定收养人支付送养人一定金钱或者约定待被收养人达到法定婚龄后与收养人或收养人子女结为夫妻等,那么此种收养行为不能产生收养的法律效力。

4. 恶意串通,损害他人合法权益的收养行为无效。《民法典》第 154 条规定："行为人与相对人恶意串通,损害他人合法权益的民事法律行为无效。"例如,儿童福利机构在查到被送养未成年人的生父母的情况下,与收养人恶意串通,将被送养人以"查找不到生父母的未成年人"的身份送养,损害了被收养人及其生父母的合法权益,此种收养行为无效。

(二) 违反收养关系成立的实质要件和形式要件

首先,违反收养关系成立的实质要件的收养行为无效:

1. 被收养人不符合法律规定的条件,不属于本法第 1093 条规定的三类未成年人,即不属于下列三类未成年人之一:丧失父母的孤儿、查找不到生父母的未成年人、生父母有特殊困难无力抚养的子女。

2. 送养人或者送养行为不符合法律规定的条件。如送养人不属于本法第 1094 条规定的三类送养人,监护人送养孤儿时未征得有抚养义务的人同意,生父母未共同送养等。例如,甲与乙是夫妻,在离婚诉讼中,法院将儿子判给女方甲抚养。后甲在乙不知情的情况下将儿子送给不知情的丙丁夫妇收养,丙丁收养后对被收养人倍加疼爱并为其办理了户口迁移手续。生父乙得知这一情况后向丙丁夫妇要求领回孩子,遭到拒绝。于是,乙向法院提起诉讼。本案中,甲在未经乙同意的情况下擅自将孩子送养的行为违反了法律有关生父母共同送养的规定,因此,丙丁对孩子的收养行为无效。

3.收养人或收养行为不符合法律规定的条件。例如,收养人不满足本法第1098条规定的五项条件,收养子女的人数不符合法律规定,夫妻未共同收养等。

4.特殊收养行为不满足法律规定的收养关系成立的特殊条件要求。法律对收养三代以内旁系同辈血亲的子女、收养孤儿、残疾未成年人或者儿童福利机构抚养的查找不到生父母的未成年人、继父母收养继子女的情形作了放宽性规定。对无配偶者收养异性子女,又设定了双方年龄差四十周岁以上这一限制。因此,对特殊收养行为的效力,需要依据法律的特殊规定加以判断。

其次,违反收养关系成立的形式要件的收养行为无效。例如,未到县级以上人民政府民政部门登记。

二、确认收养行为无效的程序

确认收养行为无效的程序有两种,依行政程序确认无效和依诉讼程序确认无效。

(一)行政程序

确认收养行为无效的行政程序,是指办理收养登记的民政部门依法确认收养无效的程序。确认收养行为无效的行政程序包括两类:

1.收养登记机关主动确认收养行为无效。

根据民政部发布的《中国公民收养子女登记办法》第12条的规定,收养登记机关发现收养关系当事人弄虚作假骗取收养登记的,应宣布收养关系无效,撤销该收养登记,并收缴收养登记证。

2.有关当事人申请收养登记机关确认收养行为无效。

根据民政部发布的《收养登记工作规范》规定,在成立收养时,收养关系当事人弄虚作假骗取收养登记的,收养关系无效,由利害关系人、有关单位或者组织向原收养登记机关提出,由收养登记机关撤销登记,收缴收养登记证,并在收养登记机关的公告栏公告30日。被撤销的收养关系不具有法律效力。对于不符合撤销收养条件的,收养登记机关应当告知当事人不予撤销的原因,并告知当事人可以向人民法院起诉。

（二）诉讼程序

确认收养行为无效的诉讼程序，是指由人民法院依法审理宣布收养无效的程序。在审判实践中，依诉讼程序确认收养无效有以下两种情形：

其一，人民法院在审理有关案件过程中发现无效收养行为，在有关判决中宣告收养无效。如在审理遗产继承案件中，在确定继承人范围时发现被继承人生前的收养行为不符合法律的规定，依法宣告该收养关系无效，该"养子女"不能享有法定继承权等。在此情况下，认定收养关系是否有效，是正确审理遗产继承案件的必要前提。

其二，当事人或利害关系人提出请求确认收养无效之诉，由人民法院依法判决宣告收养无效。

三、收养行为无效的法律后果

收养行为被人民法院或者民政部门确认为无效的，发生以下法律后果：

（一）收养行为自始没有法律效力

无论是经收养登记机关确认无效的收养行为，还是经人民法院确认无效的收养行为，从行为开始时起就没有法律效力。确认收养无效的行政决定和司法判决同样具有溯及既往的效力，这是收养关系无效和收养关系解除的重要区别。

（二）有关当事人承担相应的法律责任

如果无效收养的当事人违反法律、侵犯当事人合法权益的，还应承担相应的法律责任，包括行政责任和刑事责任。例如，对以欺骗手段骗取收养登记的行为人，可由收养登记机关予以必要的行政处罚；对以收养为名买卖儿童的行为人，由人民法院追究其相应的刑事责任。

第三节 收养关系的解除

第一千一百一十四条 收养人在被收养人成年以前，不得解除收养关系，但是收养人、送养人双方协议解除的除外。养子女八周岁以上的，应当征得本人同意。

收养人不履行抚养义务，有虐待、遗弃等侵害未成年养子女

合法权益行为的,送养人有权要求解除养父母与养子女间的收养
关系。送养人、收养人不能达成解除收养关系协议的,可以向人
民法院提起诉讼。

释　义

本条是关于解除养父母与未成年养子女间收养关系的规定。

原则上,在被收养人成年之前,收养人不得单方解除收养关系。法律作此禁止性规定,是出于维持收养关系稳定、保护被收养子女的合法权益的需要,防止因送养人、收养人相互推诿责任而侵害被收养的未成年人权益的现象,体现了最有利于被收养人的基本原则。

一、协议解除收养关系

只有当收养人和送养人双方自愿协议解除收养关系,而且八周岁以上的未成年被收养人也同意解除时,才允许协议解除养父母与未成年养子女的收养关系。此规定体现了收养法律制度中"平等、自愿"的基本原则。八周岁以上的未成年养子女是限制民事行为能力人,对解除收养关系的后果有一定的辨认能力。从保护未成年人的角度,是否解除收养关系,事关该养子女的切身利益,有必要征得其同意,尊重其个人选择从而决定是与生父母还是与养父母共同生活。

协议解除收养关系,应当满足以下条件:

1. 当事人须具有完全民事行为能力。解除收养是一种变更身份关系的重要法律行为,其直接后果就是解除养父母子女关系,必须由当事人亲自进行,不得由他人代理。当事人只有具有完全民事行为能力,才能认识自己行为的后果,作出自己的真实意思表示。

2. 当事人在自愿的基础上达成解除收养关系的合意,即收养人、送养人和八周岁以上的未成年被收养人须自愿同意解除收养关系,并达成书面协议。

3. 当事人已就解除收养关系后的财产和生活问题一并达成协议。即收养双方当事人须对财产和生活问题无争议,并在协议中作出自愿协商一致的妥善处理。

4. 解除收养关系协议的内容不得违反法律、行政法规的规定,不得违背公

序良俗。

二、送养人单方要求解除收养关系

收养人不履行抚养义务,有虐待、遗弃等侵害未成年养子女合法权益行为的,送养人有权要求解除养父母与养子女间的收养关系。收养关系成立后,养父母与养子女之间形成拟制的亲子关系,养父母须依法承担抚养、教育和保护养子女的义务,如果养父母有虐待、遗弃未成年养子女的行为,就会直接损害养子女的身心健康。此时,送养人有权要求解除收养关系。

送养人单方要求解除收养关系时,存在两种方式解除收养关系:

1. 协议解除。

收养人不履行抚养义务,有虐待、遗弃等侵害未成年养子女合法权益行为的,送养人有权要求解除养父母与养子女间的收养关系,收养人可以与送养人达成解除收养关系协议。

2. 诉讼解除。

收养人不履行抚养义务,有虐待、遗弃等侵害未成年养子女合法权益行为的,送养人有权要求解除养父母与养子女间的收养关系;如果收养人与送养人不能达成解除收养关系的协议,当事人可以向人民法院提起诉讼,请求法院对于是否解除收养关系作出判决。

人民法院在审理解除收养关系的案件时,应当查明有关事实,包括当事人请求解除收养关系的真实原因、养父母与养子女的实际生活情况,听取八周岁以上被收养人的意见。在审判过程中,应当遵循保护儿童和老人合法权益的原则,保护合法的收养关系,保障收养人和被收养人双方的利益,正确处理收养纠纷。人民法院在审理时,可对双方当事人进行调解,促成双方当事人达成保持或解除收养关系的协议。无重大理由的,一般应维持收养关系。调解无效时,依法作出准予或不准予解除收养关系的判决。收养关系自准予解除收养的调解书或判决书生效之日起解除。当事人在人民法院达成的已生效的解除收养调解书,与人民法院作出的准予解除收养的判决书,具有同等的法律效力,是解除收养关系的法律依据。人民法院在调解或判决准予解除收养关系的同时,要妥善处理好双方的财产和未成年人的生活问题。

第一千一百一十五条　养父母与成年养子女关系恶化、无法

共同生活的,可以协议解除收养关系。不能达成协议的,可以向
人民法院提起诉讼。

释 义

本条是关于解除养父母与成年养子女间收养关系的规定。

收养制度,不仅能够为未成年人提供家庭的温暖,促进其健康成长,同时,也是我国养老制度的重要补充和完善,是实现老有所养的有效途径。养子女成年后,应当履行对养父母赡养、扶助的义务。然而,如果因为各种原因养父母与成年养子女关系恶化,根本无法继续共同生活的,则收养关系也失去了其存在的意义,任何一方均可要求解除收养关系。

养父母与成年养子女解除收养关系,也存在协议解除和诉讼解除两种方式。双方可以通过达成协议解除收养关系,在无法达成协议时,任何一方均可向人民法院提起诉讼,要求解除收养关系。通过协议解除收养关系时,只需养父母和成年养子女之间达成合意,而无须征得送养人同意,因为被收养人已经成年,是完全民事行为能力人。

例如,30 多年前,老张夫妇收养了只有 3 岁的小张,并且多年以来一直将小张当成亲生儿子来抚养,培养其读书,直至工作。然而,在小张结婚成年后,对老张夫妇不闻不问,也不履行赡养义务,老张夫妇以此向法院提起诉讼,要求解除与小张的收养关系,小张在法庭上辩称其与老张夫妇已无任何关系。最终,人民法院经审理后认为,小张自小由老张夫妇收养并抚养长大,老张夫妇作为养父母对小张履行了抚养、教育义务,但小张成年后对养父母没有尽到养子的赡养义务,致使与养父母之间的关系恶化。小张在庭审中否认与老张夫妇存在任何关系,并认为双方父母子女间的感情已经不存在。老张夫妇的诉讼请求符合法律规定。据此,人民法院依法判决解除老张夫妇与小张的收养关系。如果老张夫妇向人民法院提出请求,要求小张补偿其已经支出的抚养费,也会得到法院的支持。

第一千一百一十六条 当事人协议解除收养关系的,应当到民政部门办理解除收养关系登记。

释　义

本条是关于解除收养关系登记的规定。

解除收养关系的方式包括通过协议解除收养关系和通过诉讼解除收养关系。通过诉讼解除收养关系的,收养关系自人民法院作出准予解除收养的调解书或判决书生效之日起解除,当事人无须再进行解除收养关系登记。但是,如果收养关系当事人通过协议解除收养关系,那么应当到民政部门办理解除收养关系登记。

在具体办理时,当事人应当持居民户口簿、居民身份证、收养登记证和解除收养关系的书面协议,共同到被收养人常住户口所在地的收养登记机关办理解除收养关系登记。

收养登记机关在收到解除收养关系申请书及有关材料后,应当自次日起30 日内进行审查,对符合收养法律规定的,为当事人办理解除收养关系登记,收回收养登记证,发给解除收养关系证明。当事人取得解除收养关系证明,收养关系解除。收养登记机关对不符合解除收养关系登记条件的,不予受理,但应当向当事人出具《不予办理解除收养登记通知书》,将当事人提交的证件和证明材料全部退还当事人。对于虚假证明材料,收养登记机关予以没收。

第一千一百一十七条　收养关系解除后,养子女与养父母以及其他近亲属间的权利义务关系即行消除,与生父母以及其他近亲属间的权利义务关系自行恢复。但是,成年养子女与生父母以及其他近亲属间的权利义务关系是否恢复,可以协商确定。

释　义

本条是关于解除收养关系后的身份效力的规定。

一、养子女与养父母及其他近亲属间的权利义务关系消除

养父母与养子女通过收养建立起的是拟制的亲子关系,因此,解除收养关系的直接后果是养父母与养子女之间因收养而产生的权利义务关系的终止。

养子女与其他近亲属之间的关系,本来就是以养子女与养父母之间拟制的亲子关系为前提,因此,随着养子女与养父母之间的权利义务关系的终止,养子女与其他近亲属之间的权利义务关系便随之消除。

二、未成年养子女与生父母及其他近亲属间的权利义务关系自行恢复

收养关系解除后,未成年养子女与养父母的权利义务关系终止。基于未成年人尚不能独立生活以及需要继续得到良好的抚养、教育和保护的考虑,为维护未成年被收养人的合法权益,促进其健康成长,法律规定,在未成年养子女与养父母之间的权利义务关系解除后,其与自然直系血亲和自然旁系血亲关系自行恢复,应当由生父母或其他送养人领回抚养、教育和保护。并且,送养人应当凭解除收养关系证、解除收养关系调解协议书或者解除收养判决书,将未成年被收养人的户口迁至送养人户口所在地,恢复原户口关系。

三、成年养子女与生父母及其他近亲属间的权利义务关系是否恢复,可以协商确定

成年养子女,作为完全民事行为能力人,有能力对自己与生父母及养父母之间的关系作出准确的判断,在其与养父母解除收养关系之后,应当尊重其就是否恢复与生父母之间权利义务关系作出的决定。因此,法律规定,成年养子女与生父母及其他近亲属间的权利义务关系并不自行恢复,而是通过协商确定。此处的协商,是指成年养子女与生父母之间的协商,如果协商的结果是双方一致同意恢复父母子女关系,那么成年养子女不仅与生父母之间的权利义务关系恢复,而且其他近亲属之间的权利义务关系也随之恢复。反之,如果成年养子女与生父母协商的结果是不恢复父母子女关系,那么成年养子女与其他近亲属之间的权利义务关系也不恢复。

第一千一百一十八条 收养关系解除后,经养父母抚养的成年养子女,对缺乏劳动能力又缺乏生活来源的养父母,应当给付生活费。因养子女成年后虐待、遗弃养父母而解除收养关系的,养父母可以要求养子女补偿收养期间支出的抚养费。

生父母要求解除收养关系的,养父母可以要求生父母适当补偿收养期间支出的抚养费;但是,因养父母虐待、遗弃养子女而解

除收养关系的除外。

释　义

本条是关于解除收养关系后的财产效力的规定。

收养关系的解除，不仅会产生身份关系的变化，也会产生财产关系方面的法律后果。具体而言，解除收养关系后的财产效力主要包括以下三个方面：

一、成年养子女对养父母的生活费给付义务

收养关系解除后，经养父母抚养的成年养子女，对缺乏劳动能力又缺乏生活来源的养父母，应当给付生活费。一方面，通过收养关系形成的拟制的父母子女关系，不仅可以为未成年人提供一个良好的家庭成长环境，促进其健康成长，而且，也能够帮助收养人实现老有所养的愿望。因此，法律规定成年养子女对缺乏劳动能力又缺乏生活来源的养父母的生活费给付义务，符合收养制度的目的。另一方面，由于养父母尽到了抚养、教育和保护养子女的义务，才将养子女抚养成人。基于权利义务相对等的一般法律原则，收养关系的解除并不能免除成年养子女的赡养义务。此外，从社会责任和家庭责任甚至是道德层面而言，虽然收养关系在法律上得以解除，但事实上的抚养关系和多年来的亲情关系是无法割断的。赡养老人是中华民族的传统美德，更是子女对父母应尽的义务，无论是亲生子女，还是养子女，均不得以任何理由推脱责任。养子女提供的生活费的数额，可先由双方协议确定；协议不成的，由人民法院根据养父母的实际需要和成年养子女的负担能力而定，一般应不低于当地居民普通的生活费用标准。

二、养父母对成年养子女的抚养费补偿请求权

因养子女成年后虐待、遗弃养父母而解除收养关系时，养父母有抚养费补偿请求权。即由于养子女成年后虐待、遗弃养父母而解除收养关系的，养父母有权要求养子女补偿收养期间支出的抚养费用。与要求成年养子女支付生活费的权利不同，此补偿请求权的行使不受养父母"缺乏劳动能力又缺乏生活来源"这一条件限制，即只要因养子女成年后虐待、遗弃养父母而解除收养关系，无论养父母是否存在生活困难等情形，成年养子女都有义务向养父母补偿

其在收养期间支出的抚养费。这一规定体现了对收养人合法权益的保护和对被收养人忘恩负义行为的惩戒,符合公平正义的一般法律原则。抚养费的范围不仅包括生活费和教育费,还包括医疗费等因抚养养子女而花费的费用。因此,本条款将原《收养法》第30条第1款规定的"生活费和教育费"修改为"抚养费",实际上扩大了养父母补偿请求权的范围,可以更好地保护遭到成年养子女虐待或遗弃的养父母的合法权益。

例如,甲与乙于1988年结婚,由于婚后一直没有生育子女,便于1993年收养了12周岁的丙作为养子。妻子乙去世,甲准备再婚的计划遭到25周岁的丙的强烈反对,双方关系日益恶化。在无法达成解除收养关系协议的情况下,甲向法院起诉,要求解除收养关系,同时要求丙赔偿自己多年来对丙的抚养费,承担甲晚年的生活费,并要求丙搬回其生父母家居住。在本案中,由于甲与丙收养关系的解除并非因为养子丙虐待或遗弃甲,所以甲不享有要求丙补偿抚养费的请求权。丙是否负有向甲给付生活费的义务,则取决于甲是否存在"缺乏劳动能力又缺乏生活来源"的情形。至于丙是否搬回生父母家居住,涉及收养关系解除后,成年养子女丙是否恢复与其生父母的权利义务关系的问题,由丙与其生父母协商而定。

三、养父母对于生父母的抚养费补偿请求权

生父母要求解除收养关系的,养父母可以要求生父母适当补偿收养期间支出的抚养费。这种后果多发生于养子女尚未成年,因生父母或其他送养人反悔而要求解除收养关系的情况。为抚养、教育和保护未成年被收养人,收养人往往付出了大量的心血,此时如果允许生父母或者其他送养人在不提供任何补偿的情况下单方面解除收养关系并领回被收养人,那么收养人在物质上和精神上的所有付出便付诸东流,这对收养人十分不公平,也不符合保护收养人合法权益的基本原则。因此,当生父母因家庭变故等原因要求解除收养关系时,养父母有权要求其适当补偿收养期间支出的抚养费。但是,养父母的补偿请求权存在一定限制,即如果因养父母虐待、遗弃养子女而导致生父母或其他送养人要求解除收养关系,那么养父母不再享有要求生父母补偿抚养费的权利。

责任编辑：王　淼
封面设计：林芝玉
版式设计：顾杰珍
责任校对：陈艳华

图书在版编目（CIP）数据

《中华人民共和国民法典·婚姻家庭编》释义/杨立新,郭明瑞 主编;王丽萍,
　李燕,翟甜甜 编著. —北京:人民出版社,2020.6
ISBN 978－7－01－022154－0

Ⅰ.①中⋯　Ⅱ.①杨⋯②郭⋯③王⋯④李⋯⑤翟⋯　Ⅲ.①婚姻法-法律解释-
　中国　Ⅳ.①D923.905

中国版本图书馆 CIP 数据核字(2020)第 099375 号

《中华人民共和国民法典·婚姻家庭编》释义
ZHONGHUARENMINGONGHEGUO MINFADIAN HUNYIN JIATINGBIAN SHIYI

杨立新　郭明瑞　主编
王丽萍　李燕　翟甜甜　编著

人民出版社 出版发行
（100706　北京市东城区隆福寺街 99 号）

北京盛通印刷股份有限公司印刷　新华书店经销

2020 年 6 月第 1 版　2020 年 6 月北京第 1 次印刷
开本:710 毫米×1000 毫米 1/16　印张:12.25
字数:200 千字

ISBN 978－7－01－022154－0　定价:42.00 元

邮购地址 100706　北京市东城区隆福寺街 99 号
人民东方图书销售中心　电话（010）65250042　65289539

版权所有·侵权必究
凡购买本社图书,如有印制质量问题,我社负责调换。
服务电话:(010)65250042